白族是中国一个具有悠久历史和灿烂文化的少数民族。对祖国西南边疆的开发与发展做出过重大贡献，尤其是对推动云南的发展进步，长期以来都处于主导地位。白族积极吸收周围民族的优秀文化，尤其是先进的汉文化，不断发展壮大自己。

国家出版基金项目

走近中国少数民族丛书

主　编/丹珠昂奔

白　族

Baizu

董建中 著

辽宁民族出版社

图书在版编目（CIP）数据

白族 / 董建中著．—沈阳：辽宁民族出版社，2014. 12
（2020.5重印）
（走近中国少数民族丛书 / 丹珠昂奔主编）
ISBN 978-7-5497-0940-3

Ⅰ. ①白… Ⅱ. ①董… Ⅲ. ①白族 — 民族历史 — 中国 ②白族 — 民族文化 — 中国 Ⅳ. ①K285.2

中国版本图书馆CIP数据核字（2014）第310591号

走近中国少数民族丛书 · 白族
ZOUJIN ZHONGGUO SHAOSHU MINZU CONGSHU · BAIZU

丛书策划 / 李凤山

出版发行者：辽宁民族出版社
地　　　址：沈阳市和平区十一纬路25号　邮编：110003
印　刷　者：河北锐文印刷有限公司
幅 面 尺 寸：170mm×240mm
印　　　张：13.75
字　　　数：200千字
出 版 时 间：2014年12月第1版
印 刷 时 间：2020年5月第2次印刷
责 任 编 辑：李凤山　吴昕阳　张学林
封 面 设 计：杜　江
责 任 印 制：杨　雪
责 任 校 对：边京爱

标准书号：ISBN 978-7-5497-0940-3
定　　价：38.00元

网　址：www.lnmzcbs.com　　邮购热线：024-23284335
淘宝网店：http：// lnmz2013.taobao.com
如有印装质量问题，请与出版社联系调换　联系电话：024-23284340

《走近中国少数民族丛书》编辑委员会

《走近中国少数民族丛书》作者名录

《蒙古族》 萨仁图娅（蒙古族）
《回族》 许宪隆（回族） 张龙（汉族）
《藏族》 丹珠昂奔（藏族）
《维吾尔族》 艾克拜尔·吾拉木（维吾尔族）
买力克·买买提（维吾尔族）
伊利迪尔（维吾尔族）
《苗族》 石莉芸（苗族） 李云兵（苗族）
《彝族》 陈国光（彝族）
《壮族》 黄佩华（壮族）
《布依族》 周国炎（布依族）
《朝鲜族》 黄有福（朝鲜族）
《满族》 于今（满族）
《侗族》 杨筑慧（侗族）
《瑶族》 玉时阶（壮族）
《白族》 董建中（白族）
《土家族》 罗中（土家族） 罗午（土家族）
《哈尼族》 朱志民（哈尼族） 李泽然（哈尼族）
《哈萨克族》 艾克拜尔·米吉提（哈萨克族）
伊拉达·拉音别克（哈萨克族）
《傣族》 赵瑛（傣族）
《黎族》 罗文雄（黎族）
《傈僳族》 鲁建彪（傈僳族） 欧光明（傈僳族）
《佤族》 郭锐（佤族）
《畲族》 钟亮（畲族）
《台湾少数民族》 林华（台湾少数民族）
《拉祜族》 苏翠薇（拉祜族）
《水族》 韦学纯（水族）
《东乡族》 马兆熙（东乡族） 马自祥（东乡族）
《纳西族》 白庚胜（纳西族） 孙淑玲（汉族）
白羲（纳西族）
《景颇族》 金黎燕（景颇族）
《柯尔克孜族》 阿地里·居玛吐尔地（柯尔克孜族）
《土族》 祁进玉（土族） 东永学（土族）
《达斡尔族》 毅松（达斡尔族）
《仫佬族》 黎学锐（仫佬族） 黎炼（仫佬族）
《羌族》 雍继荣（羌族） 罗吉华（羌族）
周发成（羌族）
《布朗族》 陶玉明（布朗族）
《撒拉族》 马成俊（撒拉族） 马建新（撒拉族）
《毛南族》 韩德明（汉族）
《仡佬族》 周小艺（仡佬族）
《锡伯族》 阿苏（锡伯族） 盛丰田（锡伯族）
何荣伟（锡伯族）
《阿昌族》 们发延（阿昌族） 张斯齐（蒙古族）
《普米族》 朱凌飞（汉族） 杨周明（普米族）
《塔吉克族》 西仁·库尔班（塔吉克族）
阿力木江·西仁（塔吉克族）
《怒族》 李月英（傈僳族） 张芮婕（傈僳族）
《乌孜别克族》 古丽巴努木·克拜吐里（维吾尔族）
《俄罗斯族》 乃珂热曼·依布拉音（塔吉克族）
《鄂温克族》 黄任远（汉族） 那晓波（鄂温克族）
《德昂族》 袁丽华（汉族） 王燕（汉族）
《保安族》 马少青（保安族）
《裕固族》 董蒲红（裕固族） 王政德（藏族）
《京族》 吕俊彪（汉族）
《塔塔尔族》 卡米力·库尔马尤夫（塔塔尔族）
《独龙族》 李金明（独龙族）
《鄂伦春族》 王为华（汉族）
《赫哲族》 黄任远（汉族）
《门巴族》 陈立明（汉族） 张媛（汉族）
《珞巴族》 陈立明（汉族） 李锦萍（汉族）
《基诺族》 朱映占（汉族）

总序

中国是一个统一的多民族国家。几千年来，有着悠久历史和灿烂文化的少数民族，与汉族一道，在中华大地上繁衍生息，共同开发着这块土地，建设、发展、捍卫着这个古老而伟大的国家。各民族都是兄弟，相互离不开，都是这个国家的主人。习近平总书记在第二次中央新疆工作座谈会上发表重要讲话，指出："要坚定不移坚持党的民族政策、坚持民族区域自治制度。民族团结是各族人民的生命线。要高举各民族大团结的旗帜，在各民族中牢固树立国家意识、公民意识、中华民族共同体意识，最大限度团结依靠各族群众，使每个民族、每个公民都为实现中华民族伟大复兴的中国梦贡献力量，共享祖国繁荣发展的成果。各民族要相互了解、相互尊重、相互包容、相互欣赏、相互学习、相互帮助，像石榴籽那样紧紧抱在一起。""要在各族群众中牢固树立正确的祖国观、民族观，弘扬社会主义核心价值体系和社会主义核心价值观，增强各族群众对伟大祖国的认同、对中华民族的认同、对中华文化的认同、对中国特色社会主义道路的认同。"因此，坚持平等、团结、互助、和谐的社会主义民族关系，不断增进了解，深化友谊，建立牢不可破的感情基础，是中国社会转型期、改革攻坚期、矛盾多发期保持社会稳定、发展的基本要求，也是实现中华民族伟大复兴的中国梦的基本要求。

为了进一步宣传我国少数民族的历史文化和民族风情，增强对少数民族的认识，宣传党的民族政策和方针，加深对党的民族政策的理解，加强各民族之间的了解与沟通，让读者了解少数民族，中华人民共和国国家民族事务委员会文化宣传司和辽宁民族出版社共同组织了《走近中国少数民族丛书》。

《走近中国少数民族丛书》的编写有以下三个特点：第一，采用图文并茂的形式、鲜活生动的语言、特色浓郁的图片与丰富的民族常识链接，向读者展示我国55个少数民族的历史渊源、民族变迁、社会生活、文化艺术、风俗习惯、历史人物和民族区域自治政策的伟大实践。第二，作者多为本民族的专家学者和与民族研究工作相关的专家学者，对自己撰述的对象既有深厚的知识积累，也有真挚的情感。第三，内容彰显了历史与现实、民族文化与地域文化、民族区域自治地方与散杂居地区少数民族生产生活的多彩画卷和轨迹，引导读者走近少数民族，聆听他们的古老传说，感受他们的发展变化，加深彼此的沟通和了解。这套《走近中国少数民族丛书》是面向民族干部和各级干部通览我国少数民族概况的普及读本，也是图书馆的必备藏书。

《走近中国少数民族丛书》所揭示的每一个民族的历史，都承载着这个民族的文化，也承载着这个民族的发展和未来。中华大地孕育的55个少数民族多彩斑斓的民族文化，同汉族文化一道从远古走到今天，汇入了中华文化壮阔的历史长河。“共同团结奋斗，共同繁荣发展”，保护、传承和弘扬少数民族优秀文化，不仅是推动我国民族团结进步事业的重要内容，也是构建和谐社会、实现中华民族伟大复兴的中国梦的重要使命。期待通过《走近中国少数民族丛书》，使广大读者徜徉于少数民族多彩风情的同时，更加深刻地了解和认知中华民族多元一体的文化内涵，感受中华民族悠久历史的深远与厚重。

丹珠昂奔

2014年6月26日

前言

白族 海纳百川

白族是中国一个具有悠久历史和灿烂文化的少数民族。对祖国西南边疆的开发与发展做出过重大贡献，尤其是对推动云南的发展进步，长期以来都处于主导地位。白族积极吸收周围民族的优秀文化，尤其是先进的汉文化，不断发展壮大自己，同时又将先进文明传播到周边的各民族中，以推动自己能够主导和起影响作用地区的发展进步，从而使自己在西南民族地区始终处于社会文明进步的前列。

白族自称白子（Baipzi，此为拉丁字母白文，下同），意为白人。古代汉文史籍称白族为滇僰、叟、西爨、白蛮、河蛮、白爨、僰人、僰子、白人，明代以后又称为民家。由于各地白族社会发展的差异，分为民家、那马和勒墨三个支系，其中那马人有6万多人，勒墨人有1万多人，其余均为民家人。1956年11月，经国务院批准正式确定以“白族”作为本民族的统一族称。

白族是一个对外开放性很强的民族，具有海纳百川的精神。在古代漫长的历史岁月中，是祖国西南地区一个人口众多，分布范围很广，极富影响力的民族。尤其是在唐宋时代，白族先民与彝族先民一起建立了南诏国和大理国，在长达500多年的时间里，统治区域有80多万平方公里，其影响力远达周边的东南亚邻国，当时的许多东南亚古国都称白族为“大容”（白语意为“大哥”），充分展示了南诏国和大理国在中南半岛的显赫地位。

从民族的形成与发展来说，白族是一个多元聚合的民族。其融合凝聚的核心是从新石器时代发展到青铜器时代生存于洱海地区的土著部落“洱滨人”和创造了滇池地区独具特色青铜文化的“滇僰人”。随着历史的进程，又不断吸收了不同时期进入云贵高原的氐羌族、汉族及周边的民族部落，最终在唐代南诏国时期形成一个独立的民族。

从文化上说，白族文化是一种开放性很强的文化，因而也是一种多元文化。

从语言文字的角度来说，白语是一种非常复杂的语言，吸收了大量各民族的语言，不仅有汉语、彝语、藏语、羌语，还有泰语、缅语、孟高棉语等国内外的各种语言词汇。白语中有近60％的词汇为各个历史时期的汉语借词，白语发展的历史就是白族对外开放，吸收先进文化的活写照。

从宗教信仰来看，白族不仅信仰本民族从远古就产生的原始宗教和唐宋时代形成的本主崇拜，还有佛教和道教。白族信仰的佛教，不仅有汉传佛教，同时还吸收了印度佛教与藏传佛教的许多内容，从而形成一种具有白族特色的佛教密宗，有的学者将这种佛教命名为白族佛教密宗，简称“白密”。

白族民居建筑则是在明清江南汉族住宅的基础上，结合本民族本地区特点的一种再创造。无论从院落布局，建筑结构形式，造型节点处理，到房屋门窗装饰等等，都可以找到两者之间的一脉相通之处，但它又不是简单的模仿。因而白族民族建筑式样，雕刻、装饰、绘画成为中外宾客在白族地区旅游观光的重要项目。

唐宋时代，南诏国和大理国立国500余年，白族先民将原来部落星碎，民族繁杂，风俗各异，各自为政，不相役属，发展极不平衡的所谓“西南徼外，别种殊域”的“化外之地”，聚拢起来，促进了云南的大统一，极大地推动了云南的发展，把云南的社会经济文化推向了一个前所未有的高度，创造了云南历史的辉煌！这种局部的统一和发展，为元代全国的大统一奠定了坚实的基础。这是以白族为主导的云南各族人民对中华民族的发展进步做出的伟大贡献。

元世祖忽必烈灭大理国，白族从此失去政权，再也没有了独立自主发展的机会。但白族能够直面现实，审时度势，顺应历史潮流，积极加入中华民族大家庭。元、明两代，数百万汉族军民相继迁移到云南屯垦，促进了白族地区封建领主经济向地主经济的发展，同时由于汉族人口的不断增加，改变了元代以前进入云南的汉族多数同化于白族的情况，转而成为多数白族同化于汉族。原来遍布于云南各地城镇、坝区的白族绝大多数逐渐同化于汉族。最终形成只有今大理白族自治州白族人口较多外，其他地区的白族人口只有少量零星分布的格局。

到了近代，白族的优秀儿女与全国各族血性儿女一道，表现出忧国忧民的高度事业心和责任感，涌现出一大批为保家卫国、振兴中华而艰苦奋斗，甚至流血牺牲的斗士。他们中有为抗击帝国主义侵略而英勇牺牲的将军，有为国家变法图强而参加康有为“公车上书”的举人，有参加孙中山领导的资产阶级革命的同盟会会员，有早期就参加革命斗争的无产阶级革命家和爱国民主斗士，有一批怀抱实业救国、教育救国、科技兴国、文化兴邦、军事强国而远赴苏联（今俄罗斯）、欧美、日本留学回国后投身革命与祖国各条建设战线的人员。这对于一个解放前只有几十万人口的边疆少数民族来说，实在是难能可贵，可歌可泣！

据《中国民族报》报道，国学大师、有“中国最后一位大儒”之称的著名学者梁漱溟，其母亲是清朝进士、大理白族张士铨的女儿张滢，因此他身上有着一半的白族血统，而且他的家庭还是蒙古、汉、白、满合璧的家庭。梁漱溟家庭折射出了中华各民族互相融合、水乳交融的发展历史，充分表明中华各民族你中有我，我中有你，血浓于水，不可分割的关系。

亲爱的读者，《走近中国少数民族·白族》一书，将带您走进勤劳勇敢、热情好客的白族人民当中，了解他们艰苦奋斗、奋发图强的历史，领略他们多姿多彩的文化，欣赏白族地区优美如画的自然风光和光辉灿烂的名胜古迹，体验白族人民的喜怒哀乐和奇异独特的民族风情。

目录

第一章
白族的形成与分布

每个民族都有自己的来源，或为单一来源，或为一源多流，有的则是多源合流。白族属于多源合流。多源合流给白族不断注入生机与活力，使白族先民在祖国西南漫长的历史长河中上演了有声有色的活剧，为国家的统一和社会的进步留下了自己的印记。

大理古城全景

多元融合的民族

白族的来源历来是一个争论很大的问题，新中国成立以来，经过半个多世纪的研究，以著名历史学家马曜教授、王叔武教授等为代表的一批学者，在深入研究的基础上，提出白族是多元融合的民族，也称为异源同流的观点。著名历史学家尤中教授、林超民教授也持基本相同的观点。

白族族源可上溯到云南滇池、洱海地区的新石器时代和青铜时代。因为在白族的文物和生产生活用具、风俗习惯等方面均可找到与滇池、洱海地区的新石器文化和青铜文化明显的继承关系，而且在白族当中没有听说过大规模从外地迁入云南的历史传说。

白族形成的主要来源有两部分，一部分是远古时期生活在洱海地区的“洱滨人”，另一部分是生活在滇池地区的“僰人”。

“洱滨人”

云南由于地处偏远，在汉代以前的史书上没有对云南民族情况的记载。从考古发掘的情况来看，远在4000多年前洱海地区就生活着一个以种植水稻为主，兼营渔业的古代农业民族，他们是洱海地区农业文明与青铜文明的创造者，后来的史家将这个农业民族命名为“洱滨人”，他们是洱海地区白族的主要来源。从西汉至唐代的史书，对洱海地区古代民族的记载分别出现“斯榆蛮”“楪榆蛮”“昆明蛮”“洱河蛮”“青蛉蛮”“弄栋蛮”“白蛮”“乌蛮”“松外蛮”等等，这些经济文化有一定差异，又联系紧密的民族，经过唐宋时代南诏国和大理国的统一和发展，最终融合为白族的主体。

大理西洱河大桥夜景

从“僰人”——“爨蛮”——白族

在滇池地区活动的主要是僰人，又称为“滇僰”，他们是古滇国青铜文化的创立者和主体民族。西汉武帝灭了古滇国后，一直到唐代初叶，在原古滇国的区域，崛起了一个姓爨的家族统治集团，他们的统治区域被称为爨区，在他们统治下的人民被称为“爨蛮”。由于地区发展的差异与接受汉文化的不同，史书上又将接受汉文化较多，经济文化发展水平较高的这一部分人口称为“西爨白蛮”；将接受汉文化较少、经济文化发展落后的这一部分人口称为“东爨乌蛮”。唐初，南诏国建立并到处开疆拓土，爨氏家族被南诏所灭，云南实现了大统一。西爨白蛮与洱海地区的白蛮，实现了大融合，最终促成了白族的形成。东爨乌蛮发展为今彝族的主要部分。

其他来源

在今四川西昌，古时候称为邛都，又称越嶲郡，其土著居民中秦汉时期称为“邛僰”，三国时期称为“叟人”，隋唐时期称为“白蛮”的人口也是白族先民的重要组成部分。

哀牢九隆之裔汉代以前曾经在以今云南省保山市为中心建立过哀牢国。哀牢国的地域一直延续到今缅甸北部地区，统治区域有数千里。哀牢与洱海地区的昆明、楪榆等民族族类不同，风俗习惯也不一致。经过分化融合，当代国内外有10多个民族在追述

洱海旅游

祖先时，都说哀牢是自己的祖先。随着民族的迁徙，哀牢的部分人口迁居到了洱海地区，后来成为白族的组成部分。如南诏王就自称为哀牢的后代，今大理许多白族都称自己是哀牢九隆之裔。

汉族移民也是白族的重要组成部分。古代各个时期都有汉族因不同原因，以各种方式迁移到云南。他们进入云南后，主要是融合到白族先民当中，这是因为白族先民主要分布在云南的城镇和平坝地区，且汉文化程度较高，汉族进入云南主要是跟白族打交道，很容易融合到白族当中。而其他民族因文化习俗跟汉族差异较大，且语言不通，常常以白族当翻译。所以，汉族融入其他民族当中去的难度较大。南诏国和大理国建立后，经过500多年的发展，白族在云南占据主导地位，许多民族都向白族融合，历代进入云南的汉族很难保留自己的民族独立性，到元代大理国灭亡前，基本上已经全都融入到了白族当中去了。

白族的形成

白族形成于南诏国后期。在此之前，白族的先民曾经在滇池地区建立过滇国，在今四川宜宾地区建立过“僰侯国”，在洱海地区建立过“楪榆国”“白子国”“昆弥国”“建宁国”等等小王国，但建立这些国家的居民，只能称为白族先民，而不能称为白族。经过南诏国的长期统一，政治、经济、文化、军事都得到空前的发展，南诏境内腹心地带与主要城镇和坝区的各种人口深度融合，这时白族作为一个语言、政治、经济、文化、心理素质高度统一的民族共同体才真正形成。白族形成的时间是在南诏国后期，其标志是南诏王隆舜自称“大封人”，称南诏国为“大封民国”。白族自称白人，从古至今都没有改变过。后来又经过大理国300多年的发展，白族作为一个民族共同体，得到更加巩固。

知识链接 古无清唇音，封即白，大封人即大白人，大封民国即大白民国。

元朝统一云南以后，尤其是明朝以后，大量汉族进入云南，白族失去了政权，汉族无论在人口和政权上都占了主导地位，白族依靠国家政权与经济文化优势的力量，不断同化融合其他民族的历史进程被中断，转而不断向汉族同化，造成白族人口不断减少，分布地域不断缩小。

大理古城夜景

大理白族自治州州府大理市下关镇一角

知识链接 **白族历史发展线索** 先秦至汉代：白族先民被称为洱滨人、僰人，主要历史文化是建立古滇国，创造了以洱海和滇池地区为主的青铜文化。

魏晋南北朝到唐初：白族先民被称为叟、西爨白蛮、楪榆蛮、洱河蛮、白蛮等，主要历史文化是创造了西爨文化。

唐宋时代：滇池地区的西爨白蛮与洱海地区的白蛮融合，联合乌蛮，建立南诏国和大理国。经过南诏国的长期统一，形成白族。吐蕃称南诏国为“白蛮国”。宋代白族更加巩固与发展。

元代至民国：忽必烈灭大理国，白族失去政权，丧失独立性。汉文献称白族为僰人、白人、僰子、民家，新中国成立后统称白族。

白族分布与人口

历史分布

从远古到隋朝，白族先民主要分布于洱海地区和滇池地区。唐宋时代，白族形成，并且是南诏国和大理国的统治民族。由于治理国家和巩固边防的需要，南诏王和大理王经常派出白族官员到各地出任军政长官，派出军队去驻守关津要隘，因而在南诏国和大理国的领土上到处都有白族人，尤其是关乎国家政治统治、经济发展、军事要害的地区，白族人口就比较多。

田园风光中的白族村寨

元明清时期，记载白族人口分布的文献很多。元初李京《云南志略》记载："中庆（今昆明）、威楚（今楚雄）、大理、永昌（今保山）皆僰人，今转为白人矣。"说明李京走过的这几个地方

全国最大的白族村——周城

的人口主要是白族。明清时期的许多地方志记载，白人（或写作僰人）在云南的各府、州、县都有，又称民家。元明清时期按照各种志书记载白族的分布地区，从今天的行政区划来说，云南白族的分布面很广，全省16个州市中，只有西双版纳州没有记载白族，其余15个州市都有白族人口分布的记载。且一些地方在元代和明代，白族人口还很多，甚至成为当地的主体民族。所以，康熙《云南通志》才会说："白人……云南诸郡皆有之。" 谢圣纶《滇黔志略》也才会说："滇中夷民……亦惟白人为最多。"也就是说到了清代，汉族虽然成了云南人口最多的民族，但是在"夷民"（少数民族）中，白族是人口最多的民族。

民国时期

民国以后，白族大量同化于汉族，白族的分布区域大为缩小，人口比重也不断降低。当然并非说白族在民国几十年间一下子被同化了，而是有一个渐进的过程。如楚雄在元初时人口都是白族，明代景泰《云南图经志书》记

白族马帮

苍山古道

载，府治附近，已是白族与汉族杂处；到了清末宣统《楚雄县志》还有“僰人即民家”的记载。再到1921年《楚雄县征集地志资料》，就没有再提到白族。新中国成立初，云南省民族事务委员会研究室编写的《少数民族概况》记载：1954年楚雄县白族仅有128人，1985年为1 084人。现在楚雄坝区的人口主要是汉族，由于史书上没有楚雄坝区白族人口在汉族进入以后大规模外迁或被杀的文字记载与民间传说，故可以判定楚雄白族在明代以后绝大多数不断融合于汉族之中。现在有的民族研究学者来到楚雄调查，还在一些坝区乡镇找到已经填报汉族，但其祖先是白族的村子，并且这些村子的村民还保留有白族民俗，以及其祖坟火葬墓存有白族信仰佛教的梵文葬具、墓碑等。

云南历史上只有白族使用梵文，彝族与汉族都不使用梵文，而且彝族不信佛教。今玉溪市在古代也是白族聚居区，是大理国开国皇帝段思平任通海节度使，后起兵推翻“大义宁国”的根据地。玉溪市的大部分辖区明代称为澄江府，景泰《云南图经志书》澄江府说：“郡多僰人，而汉人杂处其间。”意思就是说，明代澄江府的人口多数是白族，汉族到澄江府后，杂居在白族当中。现在玉溪市只有红塔区与元江县还有少量白族，其余都被汉族不断同化了。云南其他地区白族被同化的情况也与楚雄、玉溪大同小异。

▲
大理白族自治州州府大理市下关镇全景图

当代人口

20世纪50年代，云南省各民族按人口数量排序，白族人口排在汉族和彝族之后，后来的历次全国人口普查，白族都排在全省第三位。2010年全国人口普查，哈尼族人口超过白族，云南白族人口已降到第四位。

据2010年第六次全国人口普查，全国白族人口有1 933 510人。云南省有白族人1 564 901人，其中最多的大理白族自治州有1 112 469人；白族人口10万以上的有怒江傈僳族自治州，达139 164人；白族人口在10万以下1万以上的地区分别是：昆明市82 560人，丽江市62 071人，保山市45 890人，临沧市30 904人，迪庆藏族自治州20 480人，楚雄彝族自治州16 474人，普洱市13 173人，玉溪市11 822人；其余州市、县全都有白族，但人口均在万人以下，白族人口少的县只有几十人。云南省之外的白族人口分散在全国各地，其中人口10万以上的是贵州省和湖南省。

四季如春的自然环境

▲
苍山洱海一角

白族分布从地区地理环境上讲，各有一定的差异，多数分布在平坝和低山丘陵地带，居住在高寒山区的人口较少。

白族主要聚居区大理白族自治州和兰坪白族普米族自治县位于云贵高原的西北角，横断山脉南端，大部分属西南纵谷区。云岭山脉和怒山山脉，呈南北走向，地势西北高东南低，主要大山

▲

大理古城城楼

有点苍山、志奔山、崇山、五宝山、老君山、罗坪山、无量山、哀牢山、鸡足山、九顶山、巍宝山等数十座，这些山的山峰海拔均在2 300米以上，多数为3 000多米。大理白族自治州境内的最高峰是剑川县与兰坪白族普米族自治县交界处的雪邦山主峰，海拔4 295.3米，最低点是云龙县怒江边的红旗坝，海拔730米。

洱海金梭岛 ▶

伴随着高山就有河流。主要河流属金沙江、澜沧江、怒江、红河（元江）四大水系，有大小河流160多条，呈羽状遍布全州，多年平均年地表径流总量为105.8亿立方米。湖泊主要分布在海拔1 900～2 200米的盆地内，有洱海、剑湖、茈碧湖、西湖、海西海、青海湖、草海、天池等，总面积42.11万亩，总畜水量为30.81亿立方米。

苍山花甸坝牧场

州内共有108个大小盆地（坝子），面积在1.5平方千米以上的盆地有18个，土地肥沃，水利条件好，是全州重要的农业区。

全国历史文化名城大理市是全州政治经济文化中心，其西面是雄伟壮丽的苍山，东面为冰清玉澈的洱海，优美的自然风光和宜人的气候，再加上多姿多彩的民族风情和众多的名胜古迹，使大理成为著名的国家级自然保护区和国家级风景名胜区。

兰坪白族普米族自治县境内最高峰为老窝山，海拔4 435.4米，最低点为中排乡的卓峨坝，仅高于澜沧江江面3～6米。澜沧江从北向南纵贯县境西部，境内大小河流均属澜沧江水系，较大的河流有27条，全县河流水系年径流总量为25.64亿立方米。

白族地区为低纬度高原季风气候，四季如春。大理白族自治州年平均气温在15℃左右，最热月平均气温在24℃以下，最冷月平均气温在4℃以上，全年降雨量在800～1 000毫米左右。由于海拔高低悬殊，气候呈垂直分带，形成河谷热、坝区暖、山区凉、高山寒的“一山有四季”的立体气候。兰坪县的年均气温为11.2℃，比大理州稍低一些，也是四季不明显的立体气候。

优越的自然地理气候条件、肥沃的土壤、众多的湖泊水库、丰富的动植物资源和矿产资源，为白族地区的现代化建设创造了极为有利的条件，使这里成为远近闻名的鱼米之乡。

第二章 辉煌的历史文化

白族现在虽然人口比较少，但在云南的历史上，曾经是一个人口众多的民族，白族先民是云南灿烂的历史文化——滇国青铜文化、西爨文化、南诏大理文化的主要创造者。

古滇国的灿烂青铜文化

云南青铜文化概述

云南青铜文化早期默默无闻，从20世纪50年代开始，云南的考古工作不断取得重大进展，青铜时代的考古喜讯频传，极富云南地方特色的青铜器大量出土，尤其是晋宁县石寨山滇王族古墓群的出土，轰动全国。改革开放以来，随着国际交往的日益扩大，云南的青铜器多次应邀到许多国家巡展，受到当地观众的盛誉，许多人对云南青铜器的精美绝伦赞不绝口，大为叹服！

根据现有的考古资料，云南的青铜文化分布在全省70多个市县，共200多个地点，出土青铜器物在万件以上，其中出土青铜器最多的是洱海地区和滇池地区。云南的青铜时代从商末周初开始，迄于东汉初期，历时约千年。它是云南古代各族先民早期创造的最为辉煌的文化，用实物填补了云南没有文字记载的千年文明史，而白族先民则是这一青铜文化的主要创造者。

剑川海门口青铜文化遗址发掘现场

云南的青铜文化有一个初起、成熟到高度发达的过程。可分为早期、中期与晚期。剑川海门口青铜文化为云南青铜器的早期；祥云县大波那、楚雄万家坝的青铜文化为云南青铜文化的中期；再往东传播到滇池地区，成就了灿烂的古滇国青铜文化，为云南青铜文化的鼎盛时期；大约在西汉中晚期至王莽时期为云南青铜文化晚期，此后云南青铜文化走向衰落，逐渐淡出历史舞台。

本书作者在剑川海门口青铜文化遗址考察

早期青铜文化遗存

剑川海门口早期青铜文化遗址 位于云南省剑川县甸南镇海门口村西北的剑湖出口处西岸，是迄今发现的中国最大的“干栏式”建筑湖滨古村落遗址。年代在商周时期，是云南迄今出土青铜器年代最早的古文化遗址，标志着云南利用金属的开始。

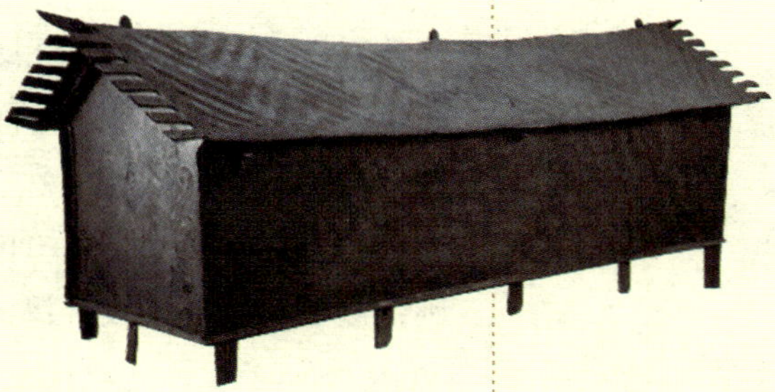

祥云大波那铜棺

祥云大波那铜棺　位于云南省祥云县大波那村，年代在战国初期。该墓葬最吸引科学家注意的是，出土了类似“干栏式”房屋和重达257公斤的大铜棺，也是全国仅有的一具保存完整的青铜器铜棺。

万家坝铜鼓与羊角编钟　该墓葬群是洱海青铜文化向滇池青铜文化发展过渡的一个重要节点，位于楚雄城南万家坝村。是迄今世界上发掘所得铜鼓中最早者，专家们由此认为楚雄是古代铜鼓的发源地。与铜鼓同时出土的，还有6枚一套的羊角编钟，与中原地区出土的编钟差别甚大，是当地居民的一种独特文化。

万家坝青铜羊角编钟

高度发达的古滇国青铜文化

史书记载的古滇国　古滇国大约建立于春秋时期，灭亡于汉武帝时期。最早记载滇国的是西汉史学家司马迁所著的《史记·西南夷列传》。该书说，西南夷地区有数十个部落国家，其中夜郎与滇是大国。在楚威王时（前339—前329，据专家考证应为楚顷襄王时），楚将庄蹻带兵入滇经略云南，在占领滇池地区后，因遇秦国夺取了楚国的巴、黔中郡，阻塞了他们返回楚国的通道，便穿上当地民族的服装，行当地民族的风俗习惯，融入当地民族之中，当了他们的国王。庄蹻来到滇池的时候，滇国是一个农耕文化比较发达的国家。滇王统领的人口有数万人，四周还有许多与滇王同一民族的众多名为“劳浸、靡莫”的部落。

楚雄万家坝铜鼓

西汉元封二年（前109），汉武帝发兵临滇，滇国投降，于是将滇王统治区域设为益州郡，赐给滇王王印，令其仍然治理当地人民。1956年11月，在晋宁石寨山出土了金质“滇王之印”一枚，让司马迁《史记》中汉武帝“赐滇王王印”的记载得到了实物的证实。滇王虽然受印，但此后史书再也没有记载滇王的事迹，似乎表明滇王投降汉武帝后，滇国就已经灭亡了。

滇王之印

知识链接 **滇王之印** 此印为一枚蛇钮方印，边长2.4厘米，高2厘米。于1956年11月在晋宁石寨山6号墓出土。

由于史书对滇国情况的记载十分简略，只有几百字，无法讲清滇国建国数百年的发展情况。好在大量滇国青铜器的出土，为人们了解滇国提供了丰富的实物资料。从滇文化的分布范围来看，滇国的区域为：以今昆明市为中心，西起楚雄、禄丰，东达宣威，北至金沙江南岸，南及新平、元江，东南到弥勒、泸西一线。由于在晋宁石寨山古墓群中出土了滇王之印，由此推测，滇国的首都应该在今昆明市的晋宁县。

猎首纹铜剑

灿烂的古滇国青铜文化 云南的青铜文化从剑川海门口开始，一路经祥云大波那、楚雄万家坝，传到滇池地区，进入高度发达阶段。所谓的古滇国文化实际上是以一群墓葬形式保存的文化，由于这些墓葬中出土文物以青铜器为最多，最有民族特色，且可以反映出许多滇国的社会生活与科技艺术水平，故以“滇国青铜文化”命名。

鎏金双人盘舞铜扣饰

目前各地发现的滇国墓地和遗址共有30多处，共出土青铜器上万件，出土文物最多的滇文化主要墓葬群为：晋宁石寨山、江川李家山、呈贡天子庙、安宁太极山、楚雄万家坝、呈

◀ 滇池地区青铜文化分布图

▲ 尖叶形铜锄

贡龙街石碑村、曲靖珠街八塔台、呈贡小松山、官渡羊甫头等处。

滇文化各地墓葬中出土青铜器种类有兵器、生产工具、生活用具和乐器等。各类青铜器工艺精湛、造型优美、装饰华丽、风格独具，是罕见的工艺品。

由于古滇国的众多青铜器上铸有大量当时生产、生活、祭祀、战争等活动的许多场景，这些活动场景为专家们解读古滇国社会历史提供了生动的实物资料，填补了云南上千年无文字记载或文字记载太过于简略的历史。各式各样的青铜器是古滇国的百科全书，是古滇国社会生活的生动写照。

▲ 贮贝器和贝币

▲ 纳贡场面贮贝器

华夷交融的西爨文化

大姓爨氏统治南中400年

云南与贵州西部和四川南部的地区古称南中。从东汉开始逐步形成了一些大姓势力，他们主要是因战争与屯垦原因，从西汉开始不断落籍的汉族，史称南中大姓。两晋、南北朝时期，中原地区战乱频仍，南中大姓势力不断发展。后各大姓经内部火并而同归于尽，造成大姓爨氏家族独霸南中的局面。晋以后的宋、齐、西魏、北周几代小朝廷无力控制南中，所派宁州刺史或不能到任，或干脆授爨氏为刺史、太守、都督，爨氏遂以刺史、太守、都督的名义统治南中，形成了爨氏“窃据一方”的割据状态，一直持续到隋朝建立后，经隋朝将军史万岁率兵讨伐爨震后才告结束，历时400余年。至于爨氏势力的彻底覆灭，是在南诏兼并爨区，统一云南以后的事。

▲

纺织场景贮贝器

从史籍与碑刻记载来看，爨氏的祖先是汉族，来到云南后，长期生活在民族地区，就逐步融合到了当地民族当中，从原来的汉族大姓，转变成为少数民族的首领。所以，后来的许多史书均称其为“土民”，称爨氏及其统治下的人民为“爨蛮”。

爨氏统治区域因民族与地区发展水平的差异，分为西爨和东爨。唐代樊绰《蛮书》说：“西爨，白蛮也；东爨，乌蛮也。”说的是西爨地区的主要人口为白蛮，东爨地区的主要人口为乌蛮。据专家考证，东爨地区的范围相当于今昭通市、曲靖市的北部和贵州西部地区。西爨地区的范围相当于今昆明市、玉溪市、曲靖市南部、楚雄彝族自治州东部、红河哈尼族彝族自治州和文山壮族苗族自治州。所以，西爨地区基本上就是古滇国青铜文化的腹心地带，且西爨的生产生活方式与滇国的“耕田，有邑聚”完全一致，其不同点主要是统治中心从今昆明市的晋宁县转移到了曲靖市的麒麟区。这也是有关专家说西爨文化继承了滇文化的原因。

在爨氏统治南中400余年的时期，云南经济文化得到了很大的发展。史书记载，到了隋、唐之际已是“户口殷实，金宝富饶”；“邑落相望，牛马被野”；“收获亦与中夏同”。这些经济文化的创造者主要是西爨白蛮，所以通常又把爨文化称为西爨文化。

吊人铜矛

华夷交融的西爨文化

西爨文化是一种华夷交融的文化，比起滇文化来，西爨文化中的汉文化因素大为增加。滇文化是一种具有强烈地方特色的土著民族的文化，汉文化的影响微乎其微，在众多滇文化遗址及其出土的上万件青铜器中，从来没有看见汉字铭文的踪影。

与滇文化不同的是，西爨文化当中的汉文化因素就有很多，最具有代表性是“爨宝子碑”和“爨龙颜碑”。

西汉以前，汉文化对南中的影响很小，从东汉开始汉文化对云南的影响逐步见诸史籍和碑刻。《后汉书·南蛮西南夷传》记载，东汉章帝元和年间，蜀郡太守王追在滇池地区“始兴起学校，渐迁其俗”。这是正史最早记载云南建立学校，少数民族接受汉语教育，其教育效果达到了“渐迁其俗”的地步，也就是说，“夷人”开始汉化。东汉的《孟孝琚碑》是云南最早的一块汉文碑刻，碑文记载孟孝琚12岁即学习韩诗、通孝经，博览群书。

爨宝子碑局部

东晋的《爨宝子碑》主人公爨宝子和刘宋的《爨龙颜碑》主人公爨龙颜，年轻时都是以深厚的汉文化功底被举为秀才，后来分别出任太守、刺史。

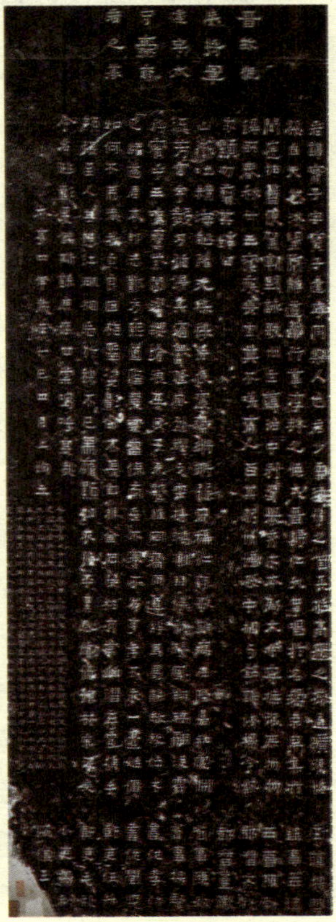

爨宝子碑

爨宝子碑 今存云南省曲靖第一中学。全称“晋故振威将军建宁太守爨府君之墓”碑，1961年，被列为第一批全国重点文物保护单位。碑文为爨宝子的墓志铭。该碑立于东晋义熙元年（405）。

▲

爨龙颜碑局部

爨龙颜碑 ▶

爨宝子碑书法处于隶书到楷书的过渡阶段，在中国书法史上具有重要地位。康有为称其书法“朴厚古茂，奇姿百出”。民国元老李根源称赞该碑“下毛钢健如铁，姿媚如神女”。

爨龙颜碑 立于南朝宋大明二年（458），全称“宋故龙骧将军护镇蛮校尉宁州刺史邛都县侯爨使君之碑”。今存云南省陆良县城南14公里处薛官堡斗阁寺大殿内，是爨龙颜的墓碑。1961年，国务院公布为第一批全国重点文物保护单位。与爨宝子碑相比，此碑较大，字数亦多，故称大爨碑，而称爨宝子碑为小爨碑。

后人对该碑评价甚高，清道光初年，云贵总督、著名金石书法家阮元访获该碑后，亲笔题词为“云南第一古石”，并命其子阮福收入《滇南古金石录》，遂使其声名远播。康有为对此碑推崇备至，赞誉此碑：“当为隶楷极则，古今楷书第一、神品第一。”清末民国初年的金石学家、当代著名史学家范文澜的叔父范寿铭，将大小爨碑誉为魏晋以来书法家之鼻祖。后代书法家和书法爱好者学习两爨碑书法的人有很多，被称为爨体。

唐代《王求仁碑》的主人公王求仁父子先后出任大周（武则天当皇帝时将唐朝国号改为大周）河东州（今大理凤仪、弥渡一带）刺史，父子均是文武才能很高的人才。这三块爨氏统治南中时期在西爨地区遗存的最重要的碑刻，表明了汉文化在西爨地区的传播已经达到了一个相当高的程度。此外，汉族的一些习俗也为白蛮所吸收，史书记载比较典型的如丧俗。《蛮书》说：“西爨及白蛮死后，三日内埋殡，依汉法为墓。稍富室广栽杉松。”

另一方面，从汉代到唐初进入云南的南中大姓随着时间的推移在不断“夷化”。随着与当地民族交往的日益加深，汉族大姓不断受到当地民族潜移默化的影响，从而具有了少数民族的部分文化特征。汉族大姓与当地民族的首领“夷帅”过从甚密，许多人结为儿女亲家，交情厚者，甚至形成了百世联姻的亲家关系。最终形成夷汉融合，你中有我，我中有你，恩若骨肉，相互依存。最为典型的例子莫过于大姓汉族跟着夷人信仰巫鬼教，甚至充当巫鬼教的首领——鬼主。如爨崇道既是南宁州司马，又兼两爨大鬼主。此外，还有螺山大鬼主爨彦昌等。

从上面介绍的情况，我们可以看出，西爨文化是一种华夷交融的文化，它虽然没有滇文化大量青铜器那样耀眼夺目，也没有达到南诏大理文化的高度和影响深广，但它是滇文化与南诏大理文化传承当中的一个非常重要的环节，在两大文明之间起到了承上启下的重要作用。爨氏统治时期，对汉文化的大量传播和社会生产力的大幅度提高，为南诏的建国和南诏大理文化的全面发展奠定了坚实的基础。

洱海地区的白子国

大约从汉代到唐初，洱海地区长期存在过一个“白子国”，又称“白国”“云南国”“建宁国”。都城建在白崖，即今大理白族自治州弥渡县的红岩。云南多部元明清地方史书都记载，其国王是

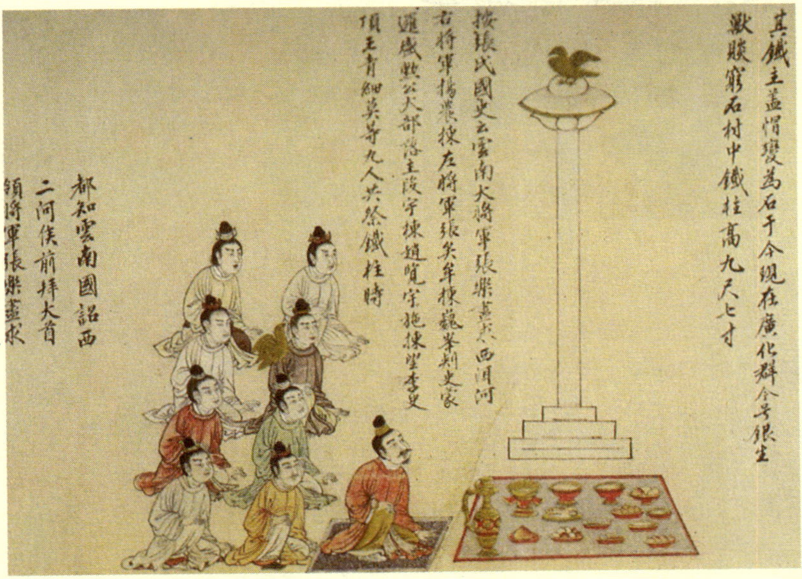

《南诏图传》中张乐尽求等九位首领祭铁柱的图画与题词

▲

走在大理到巍山迎请三公主路上的队伍

知识链接 **白王张乐尽求让位给细奴逻的传说与迎请三公主的民俗**

在大理、巍山和弥渡3个县市的白族与彝族中广泛流传着与史籍记载“张蒙禅让”故事基本相同的传说。传说有好几个大同小异的版本，主要是讲白王张乐尽求年老时，要将王位传给女婿细奴逻，起先细奴逻执意不肯接受，后来拗不过，与老岳父约定在蒙舍川（今巍山）举行砍石盟誓。细奴逻说：“如我为王，剑必入此石三寸。”他举剑向石砍去，剑果然入石三寸。大家认为此为天意，细奴逻不好再推让，只好就任王位。白王嫁女后每年都要接女儿三公主金姑与女婿细奴逻回家省亲。三公主去世后，人们在南诏都城建了一座三公主殿，每年的农历二月二十一日，大理白族群众早起出发到巍山三公主殿接三公主，与迎接接亲队伍的彝族群众联欢，举行祭祀活动。二十三日举行接三公主仪式，脱下塑像上的旧衣，换上新衣。二十四日带上旧衣（旧衣表示三公主）返回大理，沿路的一些重要村子、城镇还要举行祭拜活动。二十七日抵达大理喜洲庆洞村的神都本主庙，举行隆重的“安座”仪式。将从巍山背回来的衣服，换到神都三公主塑像的身上，供群众祭祀。当天，白族群众在神都杀鸡宰猪，大办宴席，庆祝三公主顺利回家，酬谢为接三公主而一路辛苦的人们。

白族神话传说中哀牢九隆氏第八子的四世孙，名仁果，汉武帝曾封其为滇王，号白国。传17世至龙佑那，蜀汉建兴三年（225），诸葛亮南征，杀了夷人反叛首领雍闿以后，收用地方豪杰，就以龙佑那代替雍闿统领诸部，赐姓张氏。到龙佑那16世孙张乐尽求，受唐封为大将军、云南王。唐初，洱海地区部落酋长举行铁柱会盟，张乐尽求禅位给南诏第一代王蒙细奴逻，并将三公主金姑嫁给了他，于是南诏蒙氏遂代白子国张氏而兴，改国号曰“大封民国”，结成了以南诏王为首的部落联盟。至今大理地区还广泛流传着“张蒙禅让”的故事。大理白族一年一度到南诏蒙氏王族发祥地巍山接三公主金姑和驸马细奴逻回大理省亲的民俗活动也与此传说故事有关。

白族群众祭祀三公主

根据史料分析，这个白子国只是一个部落联盟，国王就是盟主。该国的特点是经济文化比较发达，但没有严密的行政统治机构，各部落的实权主要在部落主手里，所以《南诏图传》记载铁柱会盟时，参加的9位首领中4人有唐朝任命的将军、刺史头衔，5人为部落主。

南诏国的建立与发展

隋唐之际，洱海周围分布着汉文史籍称为“松外蛮”“洱河蛮”“汉裳蛮”“白蛮”等众多部落和势力较大的蒙舍诏、蒙巂诏、越析诏、邆赕诏、浪穹诏、施浪诏，史称“乌蛮六诏”，其中蒙舍诏因地处最南，又称为南诏。

知识链接 **“诏”**相当于部落，“诏”还有“王”的含义和“国”的含义。

南诏国的建立

唐太宗贞观二十二年（648）派右武候将军梁建方率领蜀兵征讨松外蛮，接着进讨西洱河蛮，梁得胜回朝后撰写了一篇《西洱河风土记》。该文记载，当时的西洱河（即今洱海）地区：“有数十百部落，大者五六百户，小者二三百户。无大君长，有数十姓，以杨、李、赵、董为名家。各据山川，不相役属。……有城郭村邑，弓矢矛铤。……有文字，颇解阴阳历数。”他们自己说

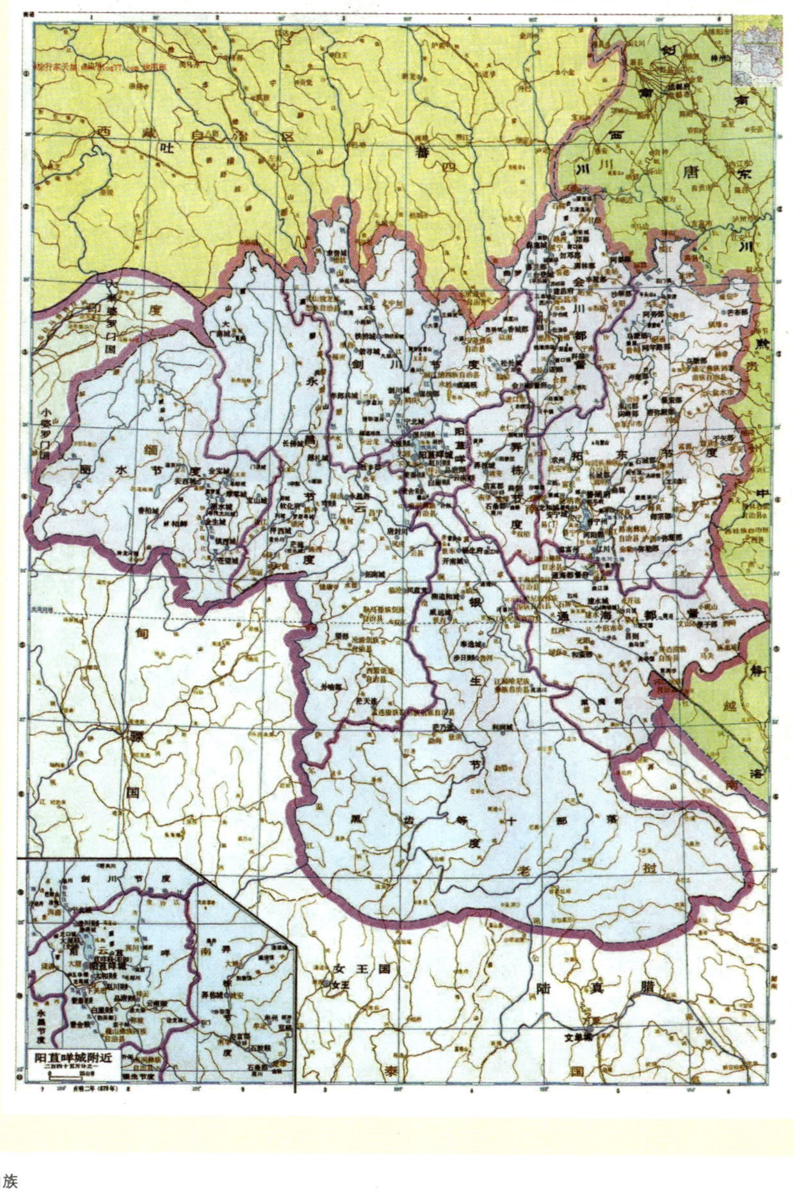

南诏地图（选自谭其骧主编《中国历史地图集》）

祖先本来是汉人，但内地汉人又称其为白蛮。他们的农牧业生产水平与中原相同，手工业水平略低于中原。这篇文章反映了唐初洱海地区白蛮的经济文化发展水平已经接近于四川，主要由于缺乏强有力的行政统治，故形不成大的政治、军事力量。《新唐书·南蛮下》也说，今祥云、弥渡一带富裕程度可与四川相比。南诏兼并白子国（即张蒙禅让），使白蛮的经济、文化优势和南诏的政治、军事优势有机融合，为日后南诏国的日益发展壮大提供了前提与基础。

南诏从唐太宗贞观二十三年（649）细奴逻在今巍山兴起，自称奇王开始，到唐昭宗天复二年（902）权臣郑买嗣篡权，建立“大长和国”，南诏灭亡为止，共传13王，253年（649—902）。

南诏国的强盛

南诏立国初期，地盘很小，只是今巍山县的一半左右。真正使南诏强大起来的人物，最主要的是三位具有雄才大略的国王。

剑川石钟山狮子关区第九号石窟“南诏第一代国王细奴逻、后妃及侍从石刻造像”（俗称全家福）

第四代王皮逻阁 他巧妙地利用吐蕃南下与唐朝争夺洱海地区之机，积极投靠唐朝，充当唐朝抵抗吐蕃南下的屏障，从而得到唐朝的信任，并在唐朝的支持下兼并了北部的五诏和其他白蛮部落，统一了洱海地区。皮逻阁因抵抗吐蕃有功，公元738年，被唐册封为云南王，赐名蒙归义，使他在洱海地区的统治权有了合法性。后来皮逻阁又利用爨氏内乱之机，在唐朝授权下，以调停

《南诏图传》观音幻化为梵僧，来到奇王细奴逻家乞食，考验奇王家人

为名，出兵兼并了爨区，基本上统一了全云南。虽说细奴逻被称为南诏开国君主，但其开国时所自称的“奇王”只是一个部落的首领。可以说，皮逻阁才是南诏国日益发展壮大的真正奠基者。

第五代王阁罗凤 748年皮逻阁去世，其子阁罗凤继立。阁罗凤在青年时代就参加了其父皮逻阁统一洱海地区、兼并爨区的全过程，并表现了杰出的政治与军事才能。阁罗凤统治时期，进一步开疆拓土，奠定了南诏的版图，建章立制，制定了南诏的政权结构、行政区划、军事体制。在对外关系上阁罗凤也体现了一位伟大政治家的卓越才能。关于处理与唐朝和吐蕃的关系，当时唐朝西川节度使章仇兼琼、云南姚州太守张虔陀等官员不仅想欺辱阁罗凤的妻女，勒索财物，加倍征收赋税、军粮，而且还不断向朝廷妄奏是非，阁罗凤被迫自卫还击，攻占姚州，杀了张虔陀。唐朝先后派鲜于仲通和李宓两名大将，率兵20万征讨南诏。

剑川县石钟山石钟寺区第2号石窟“南诏第五代国王阁罗凤出巡图”（南诏末大理国初）

阁罗凤不断向唐朝皇帝讲清是非，陈述当时的形势是：“吐蕃大兵压境，倘若蚌鹬相守，恐为渔父所擒。”希望唐朝“居存见亡，在得思失”。并警告说：“若不容许悔过自新，我将归命吐蕃，云南非唐有也。”但唐朝原先扶持南诏的目的在于只是扶持一个能够完全听命于自己，既可抵抗吐蕃南下，又不至于对唐朝的边境造成威胁的地

方势力，以期以夷制夷，自己从中渔利。不想南诏势力逐渐强大，当然不能容忍南诏这只跳蚤长大，又自恃武力强大，断然拒绝南诏的求和请求，执意征讨。在陈情与说明利害关系均告无效的情况下，南诏遂投靠吐蕃，联合吐军打击唐军，致使进剿的唐军全军覆没。这就是历史上著名的天宝战争。取得战争胜利后，南诏为了自身安全，向吐蕃称臣，吐蕃“赐为兄弟之国”，封阁罗凤为“赞普钟南国大诏”（藏语的意思是“国王弟弟南国大王”）。

为了稳固东部爨区，阁罗凤派遣长子凤迦异到今昆明筑拓东城，以副国王的身份镇守经营。此为今昆明市建城之始，昆明市现在有一条“拓东路”，就是从拓东城演变而来的。与此同时，阁罗凤还派遣昆川城使杨牟利，以武力将西爨白蛮20万户迁徙到永昌城（今滇西地区）。这一重大行动不仅导致了云南政治、经济、文化中心的西移，从此，大理作为南诏、大理国的国都长达500余年（746—1275），而且促进了白族的形成。所以，当时吐蕃就称阁罗凤为“白蛮国君主”。这也说明，南诏王阁罗凤的执政基础主要是“白蛮”。

剑川县石钟山石钟寺区第1号石窟“南诏第六代国王异牟寻议政图”（大理国时期）

第六代王异牟寻 因长子凤迦异先于阁罗凤去世，阁罗凤去世后，王位直接由孙子异牟寻继承。异牟寻即位后，受到唐朝和吐蕃的双重挤压，面临着一个怎样在两大强邻的夹缝中求生存和发展的重大问题。由于吐蕃和南诏联军进攻西川（今四川）失败，损失惨重，吐蕃迁怒于南诏，对南诏大加指责，并且加大对南诏兵员、物资、税负的征派，搞得南诏苦不堪言。这时清平官（相当于内地的宰相）郑回，劝说异牟寻早日弃蕃归唐。与此同时，唐朝为了从根本上解除吐蕃对西南边境的威胁，唐德宗听取宰相李泌“西和回纥，南通云南，断吐蕃右臂”的建议，争取南诏脱离吐蕃，回归唐朝。经过反复联系协商，异牟寻最终做出了弃蕃归唐的决定。贞元十年（794）正月，唐朝派出使臣崔佐时到大理，在苍山神祠与异牟寻举行了历史上著名的“苍山会盟”。唐南捐弃前嫌，重归于好。按照会盟的约定，唐军在北部对吐蕃进行牵制，南诏则对吐蕃在云南的势力发动突然袭击，大败吐蕃于神川（今迪庆藏族自治州），将吐蕃势力彻底逐出云南。贞元十年（794）十月，唐朝派出使臣袁滋到大理册封南诏王异牟寻，并赐“贞元册南诏印”，这就是历史上著名的贞元册南诏。从此唐朝与南诏的友好关系得到了全面恢复。为了全面加强与中原的政治、经济、文化联系，异牟寻先后派遣数以千计的大臣子弟到成都学习，这些人学成归来后，积极传播汉文化，极大地促进了南诏社会经济文化的发展。异牟寻在位期间励精图治，又积极向东南部发展，将今西双版纳和缅甸北部纳入南诏版图，极大地增强了南诏的国力和西南地区的全面发展。

南诏国的衰落

异牟寻以后各代南诏王继位，都受到唐朝册封。但是到了南诏第十一代王蒙世隆，因其名字犯唐太宗和唐玄宗的讳，又逢唐宣宗和南诏王劝丰佑同时去世，在遣使吊祭问题上产生严重矛盾，于是蒙世隆在继位时，唐朝拒绝册封，从而导致两国关系全面弄僵。蒙世隆遂自称皇帝，与唐朝关系决裂。蒙世隆是一位颇

南诏国在中华大地的位置（选自谭其骧主编《中国历史地图集》）

《南诏图传》局部，图画左边为奇王父子躬耕种地，右边为观音幻化为梵僧点化奇王细奴逻建国

具争议的国王，他在位时，曾经大规模向内地和东南亚半岛侵略扩张。可以说他既是将南诏国版图与国力推向顶峰的人物，也是因长期战争消耗而将国家拖入走下坡路的人物。在其36岁的短暂生涯中，曾亲自带兵进攻四川、贵州、广西、安南（今越南河内），以及中南半岛的许多古国，并一度控制了这些地区，统治区域约250万平方公里，一时成为东南亚最强大的国家。蒙世隆的儿子隆舜、孙子舜化贞两代南诏王虽然与唐朝的关系有所缓和，但始终没有全面恢复友好关系。长期的战争和紧张关系，造成唐南双方国力虚耗，加上国内各种重重矛盾，内忧外患叠加，最终导致两国先后走向衰亡。

知识链接 **《南诏图传》**又名《南诏中兴二年画卷》《南诏中兴国史画卷》。长5.73米，宽0.3米。为南诏官员张顺和王奉宗于南诏皇帝舜化贞中兴二年（898）组织画师绘制而成。《南诏图传》清代收藏于清朝宫廷，1900年，八国联军攻占北京，被掳掠国外，今藏于日本京都有邻馆。

《南诏图传》局部，中兴皇帝舜化贞及家人、官员、部落首领等对观音像膜拜

《南诏图传》以《巍山起因》《铁柱记》《西洱河记》《国史》等南诏典籍为依据进行绘制。分为画卷和文字卷。画卷是把佛教故事和历史材料糅合在一起的连环画式巨幅画卷，文字卷是对图画的详细说明。《南诏图传》主旨是宣扬细奴逻在观音的点化下

得国，乃佛意、神意、天意。《南诏图传》所画内容故事情节生动、连贯，被称为是中国最早的佛教连环画。《南诏图传》是南诏时期的民族艺术珍品，对于研究南诏历史、宗教、文化、艺术、生产、生活，具有很高的历史和艺术价值。

大理国的建立与发展

大理国的建立

公元902年，南诏权臣郑买嗣发动政变，推翻了南诏政权，建立“大长和国”。公元928年，权臣杨干贞又杀死国王郑隆亶，灭“大长和国”，拥立赵善政为国王，改国号为“大天兴国”。仅

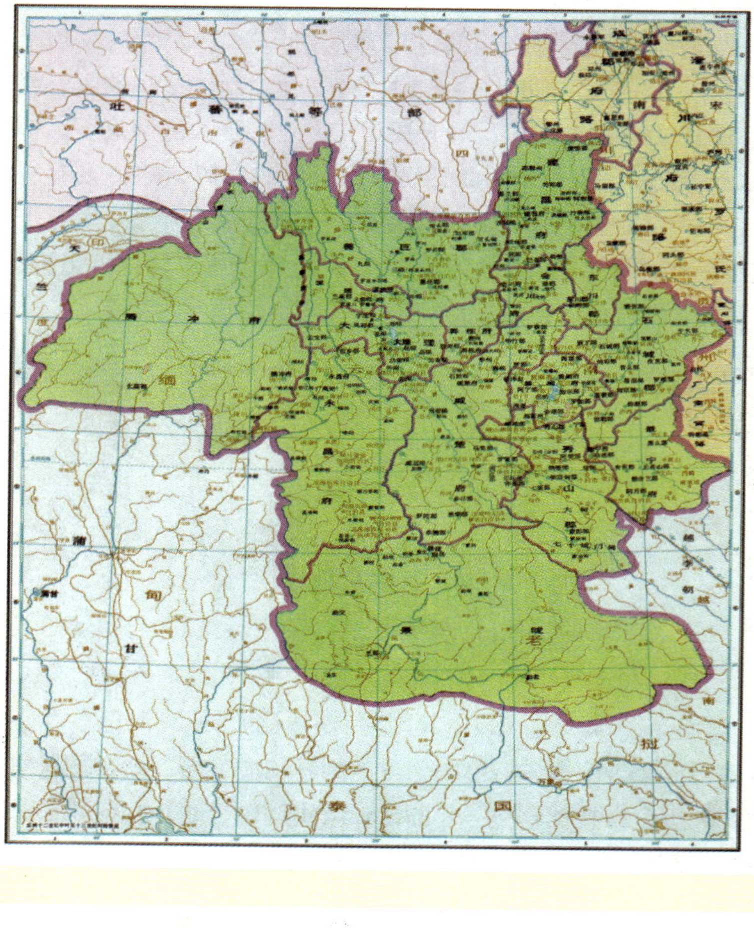

大理国统辖区域图（选自谭其骧主编《中国历史地图集》）

过了10个月，杨干贞即废赵自立，改国号为“大义宁国”。由于杨干贞“贪虐无道，中外咸怨”，通海节度使段思平以“减尔税粮半，宽尔徭役三载”为号召，联合“三十七部乌蛮”，于公元937年，推翻“大义宁国”，建立了“大理国”。大理国传22王，共318年。

大理市下关镇石坪村白族“本主神”段思平像

知识链接 **段思平** 大理国的建立者段思平可称得上是云南历史上少有的一位伟大人物，即使放到中国历史上，其所建功业，也属可圈可点。他是白族历史上的一位杰出的政治家和军事家，在全国（指在南诏国基础上建立的大义宁国）各民族中享有崇高的威望和强大的影响力。他发动推翻“大义宁国”的战争是一场推翻反动政权的革命，战前又做了相当充分的准备。不仅得到掌握实权的许多白族大姓贵族和彝族、哈尼族先民乌蛮三十七部的支持和积极参与，而且还得到全国普通百姓的支持。因此，战争如同摧枯拉朽般顺利结束。大理国这个国号，本身就表明段思平建国的理想，就是要把一个混乱的国家建设成为天下大治的国家。

大理国的统治

大理国建立后，段思平实行了“更易制度，废除苛令”，减免徭役税赋等改革。并大行分封，把帮助其建国有功的白族、彝族、哈尼族先民的首领分封为“世官世禄”“管土管民”的世袭封建主。由于他推行的改革照顾到社会各阶层的利益，符合了各个利益集团和普通百姓久乱思治的要求，全国便迅速稳定下来。

段思平去世后的各代大理国王多数为守成之君，没有出现有雄才大略、积极进取的国王，他们中有一定作为的国王，主要政绩是能正确处理与邻国的关系，尤其是主动发展与宋朝的政治、经济、文化交往，对发展国家经济、文化做出了一定贡献，使大理国存续300多年间，基本都处于比较稳定的状态。但有时候还是出现政绩“乏善可陈”的国王或性情暴戾、喜好游玩、理政能力差、沉溺于佛教的国王，从而导致皇位的更迭。

其中在大理国中期，还发生过权臣高升泰废段自立，改国号为“大中国”的夺权事件。虽然在两年后高氏还政于段氏，但从此以后，大理国的实权落入世袭相国高氏手中，并且一直延续到大理国灭亡。

大理国与南诏国的不同特点是南诏有较强的扩张性，大理国则与周边国家友好相处，没有与宋朝发生战争，与中南半岛邻国基本上也是友好相处的时间多，发生军事摩擦的情况很少。大理国主动发展与宋朝的政治、经济、文化联系与交流，大力吸收先进的汉文化，因而内部相对稳定，经济、文化得到长足发展。许多史书记载，大理国继承南诏国，吸收了大量的汉文化，社会发展已达到与中原基本相同的水平。

南诏国和大理国的建立与发展是中国历史上的重大事件，对中国的历史进程与发展走向产生了重大而深远的影响。对东南亚邻国的历史也产生过重大影响。南诏国和大理国立国500余年，由于政治上的长期高度统一和统治者的积极进取，实现了西南地区的大统一，极大地推动了其统治区域的发展，把云南为主的西南地区的社会经济文化推向了一个前所未有的高度，影响远播中南半岛国家。

南宋《张胜温画卷》局部，利贞皇帝礼佛图

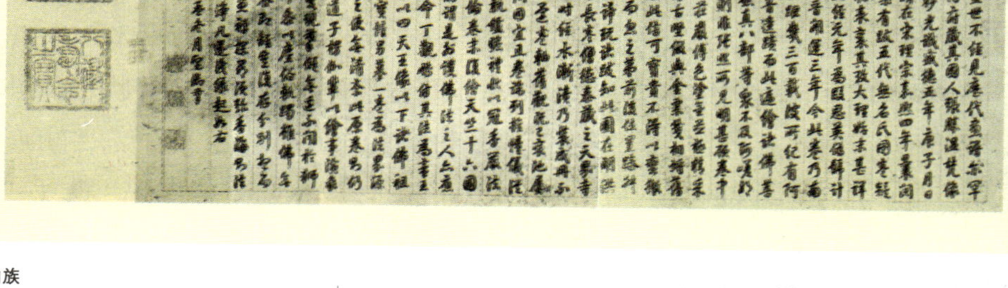

乾隆皇帝题诗

知识链接 **《张胜温画卷》**又名“大理国梵像卷”，全称“宋时大理国描工张胜温画梵像卷”，是大理国时期宫廷画师张胜温绘制的一幅以佛教故事为主的名画。该画绘制于大理国利贞皇帝段智兴盛德五年（1180），全长1636.5厘米，高30.4厘米。现收藏在台北故宫博物院。画卷为素色纸本，彩色绘画，共绘790余个人物与佛像，是研究南诏、大理国历史、宗教、民俗、艺术的珍贵形象资料。

南宋《张胜温画卷》局部，释迦牟尼佛会

今大理三塔文化区，陈列有复制的张胜温画卷，前来观赏的中外游客络绎不绝。在崇圣寺大雄宝殿内，还陈列着木雕的《张胜温画卷》，整个画卷长117米，高1.8米，堪称全国之最。

元代以后白族社会的变迁

元朝时期

12世纪末13世纪初，蒙古民族在北方大草原强势崛起，在首领铁木真的率领下，经历了大规模的战争，先统一了蒙古各部，建立了大蒙古国。随后西征南攻，先后灭了夏、金两国与欧亚40余国，后来又将南宋作为下一个灭亡的主要对象。1236年，在进攻重庆时，受到南宋军队的强烈抵抗而受阻，蒙古军遂采取了一个亘古未有的南北大包围战略，即分兵从四川西部的吐蕃地区（今四川藏区）南下，先攻占大理，然后从南北两面夹击南宋。大理国身不由己地被卷入到了对蒙古军队的战争。经过多年苦战，1253年，忽必烈率兵南下，乘牛皮筏子渡过金沙江，灭大理国，建立云南行省。这就是昆明著名的大观楼长联“元跨革囊”典故的由来。大理国王段兴智被俘后，由于献大理地图，并为蒙古军平定境内其他继续反抗的各部出谋划策和充当前锋，元宪宗蒙哥嘉其忠诚，任命段氏为大理世袭总管，主要管辖范围是今滇西地区。权臣高氏和其他一些白族贵族头领也被授予大小封建土司官职。终元之世，段氏总管共传11世，总计108年。

蒙古军灭大理国，白族政权彻底覆灭，白族由此开始从历史上一个人口众多，生机勃勃的地区性统治民族，蜕变为一个人口比例不断下降，影响力逐渐减弱的民族。

明清时期

明初朱元璋派傅友德、蓝玉、沐英率30万大军平云南，消灭了蒙古在云南的势力，将段氏总管的子孙迁到北方安置，白族最大的土司遂被改土归流。不久以后，其他中心地区的土司也先后被改土归流。据说，民国时期曾任内阁总理的段祺瑞就是被迁到北方的大理段氏总管的后人。传说，他见到云南人分外亲热，认为老乡。为了防备段氏势力复辟，云南地方统治者沐英父子，将南诏大理国遗留下来的文献资料，不论是“在官之典册”，还是“在野之简编”，凡是能收罗到的都统统付之一炬，造成白族历史文化的大量毁灭，损失难以估量。这也是现存大理国史料极少，300多年的大理国文明难以说清，只能说个大概的主要原因。

元、明两代，数百万汉族军民相继迁移到云南屯垦，促进了白族地区封领主经济向地主经济的发展，同时由于汉族人口的不断增加，改变了元代以前多数汉族融合于白族的情况，遍布于云南各地坝区的白族绝大多数逐渐融合于汉族。白族的主要聚居区最终只剩下洱海以北地区，其他地区只有少量白族人口分布。

兔峨土司衙署旧址

元明清三代，由于全国政令统一，并大力推行汉文化，白族的政治、经济、文化逐步向趋同于汉族的方向发展。这也是白族的汉文化程度在云南遥遥领先于其他少数民族的重要原因。

云南省重点文物保护单位标志碑——兔峨土司衙署

中华人民共和国成立前，绝大多数白族地区都进入了封建地主经济社会，部分地区资本主义经济已经有了相当程度的发展，白族地区的行政设置与全国一致。只有与缅甸接壤的怒江地区保留有几个势单力薄的小土司。社会发展处于封建领主制阶段。聚居于中缅边境怒江两岸的白族支系勒墨人，由于地处极边，相当封闭，所以社会发展尚处于原始社会向阶级社会过渡阶段。

知识链接 **土司制度** 中央王朝为妥善处理民族问题，任命少数民族首领担任不同级别的官员，自己管理本民族内部事务的一种特殊统治制度。这些朝廷任命的少数民族官员称为土司、土官，根据土司统治地区的大小、力量的强弱，分别授予不同级别的官衔。始于元朝，明继之，经清雍正年间大规模改土归流（废除土官改为流官），内地的土司多数被革除，边疆的土司一直延续到中华人民共和国成立后，经民主改革才最终被彻底废除。白族土司在民主改革前只剩下兰坪县的罗氏土司和泸水县的几家段氏土司。

第三章
为建立新社会制度前赴后继的白族先贤

白族是一个自强不息的民族。不仅敢于反抗外敌的侵略，不惜流血牺牲保家卫国；而且忧国忧民，为探索建立合理的社会制度，使祖国走向繁荣富强而竭心尽力。许多先贤为国家的前途命运到处奔走，身体力行，做出了不懈努力，这在全国少数民族中是相当突出的，不愧为中华民族的脊梁！

近代抵御外敌侵略的白族先贤

在抗法战争中为国捐躯的杨玉科

杨玉科（1838—1885），字云阶，今云南省兰坪白族普米族自治县营盘镇西营村人。杨玉科生活在清末内忧外患的时代，外有帝国主义侵略，内有各地农民不断起义，他因参加镇压回族杜文秀领导的云南各族农民起义，累获军功而不断获得提升，历任先锋、守备、游击、参将、总兵等官职。同治元年（1862），升至陆军提督（相当于现在的省军区司令）。

▲

杨玉科将军塑像

在中法战争（1884—1885）中，杨玉科奉命率广武军三营出镇南关（今广西友谊关）抗法，史称安南战役。他镇守谅山府属的观音桥，设伏三道，身先士卒痛击法军，连战皆捷。后来，清军西线主将广西巡抚潘鼎新放弃谅山，逃回镇南关内。杨玉科在关外作战，失去后援，遭敌重围，仍毫不退缩，最后中炮身亡。杨玉科在战斗最危急的时刻，仍鼓励将士说："吾百战余生，今得死所矣。"在中炮坠马，不省人事，经急救苏醒后，对左右说："我一死不足以报国，汝等须努力同心，痛歼逆夷，早为国家除患，我虽死目亦瞑矣！"表现出一个爱国将领的崇高情怀与铮铮铁骨。杨玉科殉职后，清廷追赠"太子少保"，谥"武愍"。并在广西镇南关、云南大理两地建杨武愍公祠，供后人悼祭。《清史稿》立有《杨玉科传》。

杨玉科为云南的教育也做出了很大贡献，他捐资在家乡兰坪县营盘街建立了"沧江书院"，聘请教师，让当地学生免费上学。他在离任赴广东任职时，将在大理的房产、田产及商铺等全部资产捐赠给地方，建立了当时滇西最大的学府，取名"西云书院"，新中国成立后改名为大理一中。

早期同盟会会员、参加云南辛亥重九起义和护国运动的民主革命先驱大理人李燮曦，专门为云南军队在抗法战争中的贡献和杨玉科为国捐躯，创作了一首豪迈的歌曲《云南大纪念》，热情地讴歌杨玉科的爱国精神，号召云南各族人民向武愍公学习。

毁家纾难保卫边疆的段氏土司

云南历史上不乏爱国爱民的土司，在稳定社会秩序、发展当地经济文化、抗击帝国主义侵略、保卫边疆等方面都不同程度地做出过贡献。云南泸水县的白族段氏土司就是典型代表，而且是抗击英帝入侵、保卫片马的主要组织者和领导者。

片马抗英　1886年英国占领缅甸，进而不断派兵对中国西南边疆侵略扩张，占领我边地，屠杀我边民，在怒江地区制造了“片马事件”而震惊全国。

胡耀邦同志题词的“片马人民抗英胜利纪念碑”

面对英军侵略片马，六库土司段浩亲自带领泸水土司兵和各族民众400多人，联合傈僳族首领勒墨夺扒领导的抗英队伍100多人，迎头痛击英军，迫使英军不得不发表照会，承认片马是中国领土，并退出片马地区。虽然英国的行为只是为了欺骗国际舆论，第二年他们又卷土重来。但是，这一历史为新中国成立后，中缅划界时片马回归祖国提供了重要的历史依据。

民国时期，段浩协助李根源调查片马和怒江地区的情况，为民国政府在怒江设立殖边局与怒江边4县的设治，做了大量卓有成效的工作。李根源盛赞段浩的爱国情怀，亲自赠予段浩一块“捍卫边徼”的匾，以示对他为保卫边疆做出重大贡献的表彰。

1985年，中共中央总书记胡耀邦同志巡视怒江片马时，高度评价片马各族人民抗击侵略者的大无畏精神，建议修建纪念碑，并为纪念碑题词：“片马人民抗英胜利纪念碑。”

怒江抗日 抗日战争时期，日寇侵入滇西，云贵监察使李根源到大理坐镇指挥。泸水设治局局长刘公度率六库土司段承经、鲁掌土司茶光周、登埂土司段承钺、老窝土司段承恭、卯照土司段赓华致电李根源，表示“保乡卫国，责无旁贷，矢忠效命，早歼顽敌”的坚强决心，并付诸行动。德高望重、业已退位的老土司段浩率其子侄段承经、段承绶、段承勋、段承鼎，其孙段正华、段清华、孙婿杨庆云等，在六库成立“临时难民接待站”，收容溃军难民。毁家纾难，招募壮勇，组建“福（贡）碧（江）泸（水）练（地）民众自卫支队”。支队下辖4个大队，大队长由其他土司担任。段浩被委任为少将司令，副司令由滇西战区总司令宋希濂将军派谢晋生上校担任，招募丁壮430余人，加上谢部200名官兵组成自卫支队。

自卫支队从组建到抗战胜利的三年中，官兵的食粮军费，除向当地居民征派一部分外，绝大部分由段承经和其他土司、富裕户捐献供应。在滇西抗日最严峻的时刻，以段浩、段承经父子为首的各土司不仅身体力行，投入抗击日寇，保家卫国的战斗当中，还倾其所有，将全部家财投入到了抗战工作中。六库土司段承经先是捐钱10万用作自卫支队的经费，将私有大小武器全部配发给自卫支队使用，又将自家与其他土司的50多匹骡马无偿交出，成立骡马运输大队，往返于大理、保山、云龙、泸水等地，为江防驻军运输弹药和军需物资。当驻防部队因交通不便，军粮一时无着落时，段承经立即将六库区历年所储粮食5万多公斤，全部捐给部队做军粮。段承勋捐出2 000大洋，用作自卫队的经费。据抗战结束后统计，段浩、段承经投出了全部家产的80%，段承恭等也为抗战付出了家产的60%。其他土司也因捐资抗战，几近倾家荡产。他们这种大公无私的爱国精神，实在令人无限景仰，值得我们后人学习和继承。

旧民主主义革命的先驱

参与公车上书的赵甲南

1895年4月，甲午战争中国战败，中日签订了不平等的《马关条约》，割让台湾及辽东，赔款二万万两白银。在京参加完科举，正在等待放榜的举人，在康有为、梁启超的带领下，举行了声势浩大的公车上书，坚决反对丧权辱国的《马关条约》。这批举人中就有大理白族赵甲南。他积极参与上书，并大力宣传发动云南举人签名。

赵甲南后来公费到日本留学，回国后主要从事教育工作，先后出任云南第一中学、省立第二师范、昆明十一县联合中学、蒙自十三县联合中学、省立大理中学等多所学校的校长，是云南著名的教育家。抗日名将周保中、全国人大常委会原副委员长楚图南等均是赵甲南培养的英才。著有《龙湖丛稿》10多卷。

▲

清朝举人、参与康有为公车上书的云南近代教育家赵甲南先生

知识链接 **父子举人** 赵甲南（1874—1959）的父亲赵景温为光绪乙亥年（1875）举人，赵甲南在19岁时考中光绪癸巳年（1893）举人，时称“父子举人”。白族中有一个名门望族代代出英才的普遍现象。就拿赵氏来说，其始祖赵铎梭在唐代出任南诏国的清平官（相当于内地的宰相），赵甲南的曾祖父赵廷俊为清嘉庆乙丑年（1805）进士，曾出任陕西兴安知府和汉中知府。赵甲南的儿子赵思锐，毕业于云南政法学堂，民国时期出任昆明市地方法院院长。赵思锐育有子女5人，全部为大学毕业。长女赵淑芬是一位成功的商人，曾经担任香港云南同乡会会长；其他子女赵育民、赵铸民、赵淑西、赵淑静均为教授或副教授级专业技术人员。

为建立民主法治国家而一生奋斗的张耀曾

伟大的民主革命先行者孙中山先生成立同盟会，领导辛亥革命。张耀曾、杨源华、杨化中、杨杰、董鸿勋、何子珪、杨友棠、马标、周钟岳、杨益谦、李宗黄等白族民主革命志士都是早期参加同盟会的会员，他们从各个方面为孙中山领导的旧民主主义革命做了大量工作。尤其是张耀曾，在日本留学期间，与同乡

张耀曾 ▶

李根源、赵伸等在东京创办革命刊物《云南》，并担任总编，大力宣传民主革命思想。《云南》杂志办了5年，共出版23期，在云南留日学生中产生很大影响，直接对云南辛亥重九起义起到了思想舆论准备作用。

1911年，张耀曾回国参加辛亥革命，在南京任孙中山秘书。同盟会改组为中国国民党，张耀曾出任总干事兼政务研究会主任。1913年，中华民国成立国会，张耀曾被选为参议院法制委员长，并兼任同盟会评议部议长，亲手草拟《中华民国临时约法》和《天坛宪法草案》。袁世凯称帝，张耀曾协助唐继尧、蔡锷策划护国讨袁起义，在云南组织反袁护国军，任云南都督府参议，亲自到广西、广东联络反袁。

1916年，袁世凯死后，黎元洪继任总统，张耀曾出任中华民国第一任司法总长。任职期间，制定法典，希望以法治国。张耀曾为了维护国民党民主革命纲领，组织成立政学会，并担任主席。主持制定了政学会《政纲》，拥护共和，实施宪政。1924年冯玉祥发动“北京政变”，在冯的支持下，张耀曾和黄郛、王正延等人组成临时内阁，共同摄行大总统职权，治安秩序赖以维持。1929年，张耀曾辞官移居上海，当律师和大学教授。

▲

张耀曾《宪政救国之梦》书影

1931年，九一八事变后，张耀曾一直为抗日奔走呼号，发表《敬告国人书》，于1931年12月在上海组织“上海国难救济会”。在此基础上，又于1932年组织“新中国建设学会”。1937年，七七事变后，张耀曾重病在身，仍向政府上书，提出在积极军事抗日的同时，要从经济、外交、思想上制服敌人。上海被日本人占领后，身处虎口的张耀曾十分注意晚节，他常说“不误国、不做官、不卖身、不见日本人”，表现了一个中华儿女的崇高气节。

1938年7月26日，张耀曾在上海病逝，终年53岁（1885—1938）。张耀曾把一生都献给了我国的民主法制的进步事业，为把我国建设成民主法治国家做出了重大贡献。他是民国时期中国著名的政治活动家、著名的大法学家、法治建国事业的奠基人。

主要著作有《考察司法记》10卷、《列国在华领事裁判权法》1卷、《民法讲义》若干卷。2004年11月，法律出版社以《宪政救国之梦——张耀曾先生文存》为书名，集结出版了张耀曾的部分重要文章和日记，以及他的子女和后人缅怀评介张耀曾的文章。书名“宪政救国之梦”是对张耀曾终生奋斗之目标最恰如其分的总结。

云南辛亥重九起义和讨袁护国运动中的白族志士

云南辛亥重九起义和讨袁护国运动是以蔡锷、唐继尧为首的云南各族人民为推翻两千多年的封建帝制，以及反对袁世凯倒行逆施，妄图复辟帝制的伟大革命斗争。

辛亥重九起义　云南辛亥重九起义是辛亥革命的重要组成部分，云南是全国较早响应辛亥武昌起义的省份之一。1911年10月10日，武昌起义爆发，云南同盟会员和新军迅速响应，于10月30日在昆明发动起义，占领云贵总督府，推翻了清政府在云南的统治，起义宣告成功。因起义当日为辛亥年农历九月九日，所以又称“辛亥重九起义”。消息传到大理，农历九月十三日大理响应起义，成立“迤西自治机关部”，推举声望卓著、思想进步的四川按察使白族赵藩为总理。全省形势迅速稳定下来。这次起义，白族同盟会员和当时在云南陆军讲武堂学习的白族师生，都参与，并发挥了重要作用。辛亥重九光复后，成立云南军都督府，蔡锷被推举为都督，从日本留学回滇的白族周钟岳被任命为都督府秘书长。

讨袁护国运动　篡夺革命果实的袁世凯私欲极度膨胀，妄图称帝，他的倒行逆施激起了全国各界人士的强烈反对。1915年12月25日，云南将领唐继尧、蔡锷、李烈钧等通电全国，率先在云南发动护国起义，宣布云南脱离北洋军阀政府独立，并组成护国军，出兵川黔和两广讨袁。迫使袁世凯在内外交困中不得不宣布取消帝制，并于数月后病死。护国战争取得了全面胜利。

在这次保卫共和、反对历史倒退的运动中，白族同盟会会员和云南陆军讲武堂的白族师生，全部参加了极为艰苦的战斗。杨益谦任第二军副官长；董鸿勋任第一军第三支队长；杨杰任第二军第五支队长，后改任第一纵队司令；杨友棠任第二军第六混成旅旅长；李识韩任第三军第六梯团叶荃部团长；马鈞任第三军第五团参谋长。与朱德在讲武堂同班同学的杨源华、杨化中、何子珪不仅参加过辛亥云南重九起义，同时参加了护国战争。杨源华跟随蔡锷入川扫除袁军在川的北洋军，出任四川长宁县县长；1916年转战两广，升任广东司令部中校参谋，后升任护国军少将，滇军第二师参谋长。靖国战争时期，孙中山蒙难，滇军出兵救援，杨源华任滇军中将、昆华第一旅旅长，与叛军陈炯明殊死激战，对孙中山脱险起了重要作用。杨化中在护国战争中任营长，在入川讨袁战争中负伤，伤愈后赴江西参加“二次革命”“护法战争”；后任滇军旅长，少将参议；抗日战争时期任川滇公路督修专员，为抗战做出了贡献。何子珪在云南重九起义中任营长，护国战争中任团长，在入川作战中身先士卒，壮烈牺牲，年仅24岁。朱德写挽联“一片热忱唯爱国，三千将士吊忠魂”，寄托对战友的哀思。

共产党成立初期的白族先贤

共产主义运动的先驱、无产阶级革命家张伯简

张伯简（1898—1926），白族第一代共产党员，云南省剑川县人。张伯简1919年赴法勤工俭学，并到马克思主义的故乡德、奥两国参观考察，接受了马克思主义，坚定了走十月革命道路的信念。1921年冬，在德国加入共产党。1922年6月18日，张伯简与中共党员周恩来、萧子暲、张申府、刘清扬、赵世炎在巴黎共同发起成立“旅欧中国少年共产党”。会议选举赵世炎任书记，周恩来为宣传部长，张伯简为组织部长。同年秋，张伯简被中共派往莫斯科东方劳动大学学习。

张伯简

1923年，张伯简回到祖国。党派他到上海，在新成立的中共中央宣传

部工作。1924年11月前后，张伯简担任党中央出版部书记。同年，国共合作，中共在上海建立了“国民通讯社”，党派张伯简担任了通讯社的领导工作。为了便于学习宣传，他译制了一张从原始社会到共产主义社会各个历史阶段的社会发展史表解《各时代经济结构元素表》，由上海书店、北方人民出版社、上海华兴书局等党的出版发行机构秘密出版发行，广为传播，成为革命者的重要读物。1925年1月11日至22日，中国共产党在上海召开了第四次全国代表大会，张伯简被选为候补中央委员。同年张伯简的《社会进化简史》一书在上海、广州出版。该书是中国最早用历史唯物主义原理阐述社会发展史的理论著作，为中国共产党的理论宣传工作做出了重要贡献。1926年，毛泽东任广州第六届农民运动讲习所所长时，聘张伯简为教员，将《社会进化简史》列为“授课以外之理论”十种读物之一。1927年，恽代英在《计划1927年的工作》一文中，也向青年推荐此书。1942年，党中央在延安开展整风学习，毛泽东给胡乔木写信，提出将张伯简《社会进化简史》列为全党整风必读理论书籍，并说：“这是一本人民需要的书、革命需要的书。”1925年秋，张伯简调广州，任中共广东区执行委员会委员、军委书记。1926年8月，张伯简任省港罢工委员会书记，全力投入领导震惊中外的省港大罢工。因夜以继日地操劳，引发肺病发作，病倒在罢工斗争第一线。终因救治无效辞世，年仅28岁。

▲

《张伯简文辑》书影

清华最早的共产党员施滉

他是清华最光荣的儿子，他是清华最早的共产党员，他为解放事业贡献了生命，施滉的革命精神永垂不朽。

这是清华大学为纪念自己最光荣的学子施滉烈士立的纪念碑上的颂词。纪念碑的主人公施滉，是中国共产党早期的党员和国际主义战士，是白族人民最优秀的儿子之一。

◀ 施滉

施滉1900年出生于云南省洱源县一个贫寒的小学教师家庭，从小勤奋

施滉著《孙中山评传》书影

好学，1917年，考入清华学校。他关心政治，时时为祖国的前途和民族的命运而忧虑，一生都在寻找救国救民的道路，并身体力行。1919年，因积极参加五四爱国运动而被捕。他发起成立了清华学校第一个进步社团——“暑假修业团”，1920年改名为“唯真学会”，并出任会长。1923年秋，施滉被选为清华学生会会长。

1924年7月，施滉赴美国斯坦福大学学习。在美国共产党领导下，施滉等人成立了“美洲华侨和中国工农革命大同盟”，筹办《国民日报》(即后来的《华侨日报》)，团结爱国侨胞，声援国内反帝爱国运动。1927年3月，施滉加入美国共产党，并当选为美共中央中国局首任书记。此后，在美共中央领导下，施滉在华侨和留学生中宣传共产主义和中国革命，建立党的组织。1928年12月，施滉被美共中央派往古巴、加拿大，在华侨中发展共产党的秘密组织。1929年，施滉受党组织派遣到莫斯科学习。

1930年秋，施滉从苏联回国，先后在中共中央机关、香港海员工会等处工作。1933年被党派往河北，先后担任中共河北省委委员兼宣传部长、中共河北省委书记。1933年冬，施滉在北平召开会议时，因叛徒出卖而被捕，随即被押解到南京。1934年初，施滉被反动派杀害于南京，年仅34岁。

白族第一位女共产党员赵琴仙

赵琴仙（1906—1928），祖籍云南大理，出生于昆明。云南妇女运动的先驱之一。她不仅是白族第一位女共产党员，同时也是云南第一位少数民族女共产党员。

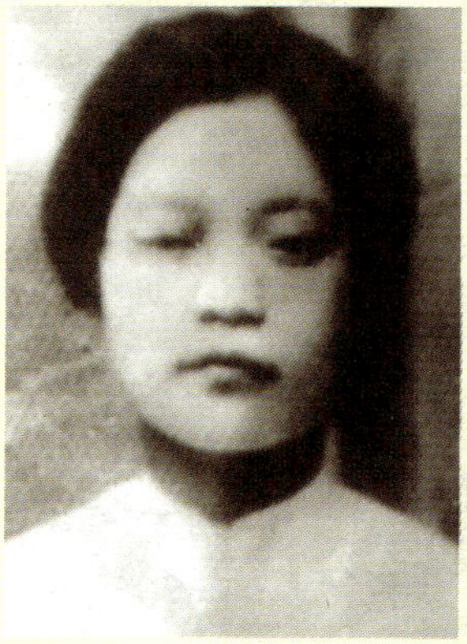

赵琴仙

1924年赵琴仙参加了以学习马克思列宁主义为主的秘密团体“云南青年努力读书会”。1926年加入中国共产党，同年赴广州参加党组织举办的政治训练班，接受马列主义理论学习。1927年2月，受党组织派遣回云南工作，任共青团昆明市委书记，并负责妇女运动工作。积极投身于妇女运动和青年运动，活跃于知识分子、妇女之中，她曾先后培养和介绍优瑞珍等优秀女青年加入共产党。她还把少数民族妇女作为宣传、组织对象，多次组织、参与昆明的各种游行、罢工、宣传活动。她与吴澄等创办了云南省第一份妇女刊物《女声》，大力宣传反帝反封建、男女平等和妇女解放等思想，为革命事业做出重要贡献。同年3月8日，昆明各界妇女举行三八妇女节集会游行，她走在游行队伍的最前列，带领大家高呼“打倒军阀”“男女平等”“妇女解放”等口号。经过历次运动的考验，被任命为云南省妇女解放协会执委。

1928年1月，蒋介石下达清共密令，大肆捕杀共产党人和革命进步人士，赵琴仙在昆明被捕，3月30日，英勇就义，牺牲时年仅22岁。

参加红军闹革命的白族儿女

白族参加红军主要为两部分，一是参加湖南湘鄂西红军，二是红军长征过大理参加红军。

贺龙元帅故乡——桑植县洪家关白族乡的贺龙纪念馆

加入湘鄂西红军的白族 湘鄂西地区是贺龙领导闹革命的根据地。贺龙出生于湖南桑植县洪家关白族乡，母亲是白族，他有一半白族血统，而且贺家的许多革命先辈都有白族血统。1928年4月，贺龙与周逸群等领导发动荆江两岸年关暴动和湘西起义，

朱绍田

谷志标

创建了红二军团和湘鄂西革命根据地。1935年11月，贺龙、任弼时领导红二、六军团开始长征。一大批白族青年加入红军队伍，经历了多次反“围剿”与艰苦卓绝的长征。根据《桑植县志》记载，桑植县烈士陵园纪念碑上记有为革命牺牲的烈士2 052人，县团级以上的英烈61人中白族34人。

中华人民共和国成立后，出任军级以上军政界职务的白族老红军有11人，其中著名人物有原志愿军铁道兵政委、北京军区副政委朱绍田，原装甲部队副司令员谷志标，云南省原政协副主席谷佑箴等。出任师级职务的老红军就更多了。这些红军老革命，不仅在战争年代艰苦奋斗流血牺牲，为共和国的建立做出了伟大贡献，而且为社会主义建设做出了重要贡献。

大理白族青年踊跃参加红军　中国工农红军第二、六军团在贺龙、任弼时、关向应等同志率领下，于1936年4月18日至25日经过大理，所到之处，红军向广大群众宣传党的纲领和政治主张，组织群众开展“打土豪，分浮财”斗争，在各族人民心中播下了革命火种，推动了马列主义在大理的传播。白族田麟勋等1 300多名大理各族青年参加了红军，大多数牺牲在抗日战争与解放战争的战场上，新中国成立后幸存者不到20人。田麟勋同志是幸存者之一。

知识链接　**田麟勋**（1915—2011），参加红军后，经历过许多著名战役，担任过红二军四师政治部宣传队长、八路军一二〇师三五八旅七一五团政治处宣教干事、东北野战干部大队步兵团政委、第四野战军第四十九军一六二师政治部副主任、海军北海舰队司令部副参谋长、海军旅顺基地副司令员、正军职顾问等多种职务。1960年晋升大校军衔，曾荣获三级八一勋章、二级独立自由勋章、二级解放勋章，授予二级红星功勋荣誉章。著有军事著作《古今兵书纵横谈》。

抗日战争中的白族先贤

东北抗日联军将领周保中

周保中

提起抗日战争，人们常说八年抗战，那是就全国性抗战而言。从1931年日寇发动九一八事变，占领东北算起，中国经历的抗战实际上是14年。在14年坚苦卓绝的东北抗日战争中，全国人民永远不会忘记的是3个人，那就是杨靖宇、周保中和赵尚志。他们是东北抗日联军的创建人和杰出领导人，他们的英名永远在东北的白山黑水间回响。毛泽东曾称赞说："保中同志在东北十四年抗日救国斗争中写下了可歌可泣的诗篇。"

周保中（1902—1964），原名奚李元，云南大理人，白族。东北抗日联军的主要创建人和杰出领导人之一。毕业于云南陆军讲武学校，曾在滇军和国民军中服役。参加过北伐战争。历任营长、团长、少将副师长等职。1927年7月，在革命处于低潮时加入中国共产党。1928年，受中共中央派遣赴苏联莫斯科，先后入东方劳动者共产主义大学和国际列宁学院学习。

九一八事变后回国，任中共满洲省委军委书记，组织领导抗日武装斗争。从1932年初到1945年秋，周保中在东北历任中共满洲省委委员和军委书记、中共吉东省委书记、东北抗日联军第五军军长、抗联第二路军总指挥兼政委、东北抗联教导旅旅长、苏联红军长春中央警备旅司令部副司令、东北人民自卫军总司令兼政治委员、中共东北局委员等职。在这十四年里，周保中和抗

知识链接 **杨弃** 除了周保中外，还有一位重要的白族先烈值得一书。洱源县杨弃（原名杨焕章），1930年参加红军，编入贺龙领导的红二军团，参加了举世闻名的二万五千里长征。1940年秋，参加"百团大战"。1942年5月25日，跟随左权将军担任掩护八路军总部机关及群众转移的任务，在与日寇的反复厮杀中壮烈牺牲。

联战士长年过着卧冰饮雪，吃草根树皮的生活，经历过非一般人所能想象的艰难困苦。日寇使尽各种伎俩，甚至悬赏“一两肉一两黄金”，周保中都丝毫没有动摇过。他左腿中弹，用修大车的钳子拔出来；腹部受伤，肠子流了出来，塞进去坚持指挥战斗。周保中及其抗联战士在十四年抗战中表现出来的百折不挠的革命意志，崇高的爱国主义精神和民族气节，不怕艰难困苦，不怕流血牺牲的大无畏革命精神与不巧的历史功绩，永远留在白山黑水之间。

解放战争时期，周保中历任东北人民自卫军总司令兼政治委员、东北民主联军副总司令兼东满军区司令员、吉林省人民政府主席、东北军区副司令员兼吉林军区司令员，参与领导东北解放战争。新中国建立后，周保中担任云南省人民政府副主席、西南军政委员会政法委员会主任兼民政部长等职。1955年，被授予一级八一勋章、一级独立自由勋章和一级解放勋章。周保中把一生都献给了中国人民的解放事业和革命事业，是当之无愧的民族英雄！

正面战场上的白族将士

在抗日战争的正面战场，云南先后出兵20多万人，其中有许多白族将士参加了作战。仅从白族人口占全县90%以上的剑川县来说，抗战时期，全县人口仅5万余人。据《剑川县志》记载，当时滇军六十军、五十八军、新三军先后参加了台儿庄、武汉、南昌、长沙、赣东、常德、长衡大会战、中条山守备战及滇西、缅北等战役，在近20次重大战役中，剑川县参加抗日的子弟就有4 333人，阵亡将士239人。在异常惨烈的台儿庄战役中，滇军六十军一八四师奉命坚守禹王山，少将旅长鹤庆县白族王炳章，率部一次又一次打退了日军板垣师团的疯狂进攻。在阵地被日军攻破，部分日军冲到禹王山顶的紧急关头，他亲率士兵发起反冲锋，胸部被子弹击中，鲜血直流，仍坚持指挥战斗，直到将冲上阵地的日军消灭，稳住阵地后才下山，被将士们誉为“王大军人”“铁骨将军”。

据抗战老兵回忆，滇军大量使用白族通信兵，许多作战部署和命令，都采用白语电话传达，有效地防备了日军破译和监听，在战场上发挥了独特的作用。

解放战争时期的白族先贤

为云南解放做出重要贡献的白族革命志士

解放战争时期，组织上将抗日战争时期投奔延安参加抗战的张子斋、张旭等人派回云南，加强云南地下党的工作。随着全国解放战争进程的顺利发展，中共云南党组织的工作从地下转为地上，经过大量的统战工作，策反了一批云南保安部队和地方武装起义，成立了“云南人民讨蒋自救军第一纵队”等游击队，张子斋出任讨蒋自救军第一纵队政委。1949年1月1日，根据中国人民解放军总司令部的命令，云南人民讨蒋自救军第一纵队与桂滇边部队，以及广西左右江地区、靖镇区、黔西南和滇东南的弥泸、罗盘、开广地区的游击部队，合编为中国人民解放军桂滇黔边纵队。张子斋任政治部主任。

《张子斋文集》书影

1949年，经中共云南省工委批准，中共滇西工委在滇西举行了一系列武装暴动，建立反蒋游击武装，滇西的绝大部分地区都是由滇西工委组织武装暴动与采用和平谈判方式解放的。

1949年4月2日，由欧根领导举行剑川暴动，攻占县城，胜利后成立了剑川人民自卫大队，打响了滇西武装夺权的第一枪。许多白族共产党员、民青成员和农抗队员参加了解放滇西的战

知识链接 **张子斋**（1912—1989）历任云南省人民委员会秘书长、中共云南省委统战部部长、大理白族自治州第一任州长、云南省民委主任，云南省第三、四届政协副主席和第五、六届人大常委会副主任。著有《张子斋文集》4卷。

张子斋

斗，白族志士欧根、张旭、王以中、王北光、张贡新、张贡臣、杨苏、尹国举等等都是游击队的重要领导人，对解放滇西做出了重要贡献。

党的好干部施介

施介，云南洱源县人，白族。1928年加入中国共产党。1938年，进入延安抗日军政大学学习。毕业后，任中央组织部总务处处长。1945年10月，为开辟和建立东北革命根据地，到达辽西，先后任阜新地委组织部长、哲里木盟地委组织部长兼通辽县委书记、“长江骑兵团”政治部主任。在施介等人的领导下，党组织和革命武装在广大草原扎下了根。因长期艰苦的工作环境，使他染上了严重的肺病，于1947年9月18日病逝，时年38岁。

施介

为了纪念施介烈士，哲里木盟地委、政府所在地的通辽，一些机关、街道、学校、工厂、医院、商店等数十个地区或单位用“施介”命名。国家领导人陶铸在为施介撰写的碑文中说：“我们最好的同志为工作而停止了最后的呼吸。”这是对施介为抗日战争和解放战争贡献所做的最中肯的评价。

知识链接 **兰坪和平解放** 1949年5月1日至3日，继剑川暴动成功后，滇西工委又组织了与剑川紧邻的兰坪县的通甸、上兰两乡暴动，成立通兰人民自卫大队，并派张旭与县长谈判，最终将兰坪全县和平解放。

走实业强国之路的白族工商业

经商是白族数千年来的传统。先秦时期开通的由四川经云南通往印度和缅甸的贸易通道，古时候称为“蜀身毒道”，又称为“茶马古道”。白族先民是开发这条古道的积极参与者。南诏、大理国时期，中央机构中还专设“禾爽”（相当于商务部），管理商业贸易。清代中后期，由于经营缅甸棉花、棉纱，大理白族中涌现出“三元号”“裕和号”“五福号”“九和号”“德兴号”“顺兴号”“庆顺号”等一批资本比较雄厚的商号。一般农户往往在农耕之余，走厂矿，走夷方（少数民族地区），兼营小商贩和手工业，这在全省各地大多数白族居住地区都是如此。

到了近代，大理、鹤庆等白族地区的商业更加迅速地发展起来，滇西地区出现了用资本主义方式经营的三大商帮。云南人把一个地方的人开办数十家商号的称为某地商帮，当时滇西的商帮主要有“腾冲商帮”“鹤庆商帮”“喜洲商帮”。其中“永昌祥”“锡庆祥”“福春恒”等都是云南首屈一指的大商号，他们常出任云南商会会长、董事等职务，影响举足轻重。创造了半殖民地半封建旧中国的经济奇迹。他们开办的分号遍及上海、重庆、成都、武汉、西昌、宜宾、拉萨、广州、昆明、个旧、香港等我国南方城市，以及缅甸的仰光、曼德勒、新街、腊戍和印度的加尔各答、噶伦堡等地。仅“永昌祥”就在国内外设商号70余处。1945年，永昌祥的国内流动资金就有黄金2万余两，1950年，重新估计国内外资金共约326亿元人民币。其他商号资本从几十万到几千万元半开（滇铸

◀ 严子珍

知识链接 **喜洲商帮** 云南最大的商帮，所有商号的开办者均为大理市喜洲镇的白族，故称“喜洲商帮”。民国时期，喜洲白族资本主义工商业得到快速发展，他们采用资本主义的经营方式，大力兴办工矿企业，在国内外到处开设商号，走实业救国的道路。形成了以严、董、杨、尹4大家为代表，包括8中家、12小家和400多户小商贩的工商业集团。其中商业巨子严子珍创办的“永昌祥”商号以经商为主，办厂为辅。董澄农创办的“锡庆祥”商号则以兴办厂矿为主，经商为辅。他所创办的云南钨锑公司、大成实业公司等，都是民国时期云南著名的大企业，他本人是云南最为著名的实业家。

董澄农

银元）不等。起初白族商人主要以经销农产品、土特产品、山货药材、茶叶等为主，后来逐步转为以进出口贸易为主，并大力投资工厂、矿山、银行、铁路、电力等行业。对推动云南的工业现代化做出了奠基性的贡献。

近代白族工商业能够迅速发展壮大的原因是多方面的，其中最主要的是善于发现和培养使用人才，及其建立了一套诚信经营的规章制度。仅永昌祥商号就发现和培养出100多位工商业经营管理的高手。而他们建立的规章制度，对于今天的我们，仍然具有学习借鉴意义。现引录严家后代严玲玲所著《严家往事》一书中披露的永昌祥商号创始人严子珍亲自制定出来的十条号规，我们可以从中领悟永昌祥之所以能够不断发展壮大的真谛，从而受到启迪。

更为难能可贵的是，许多白族商人都是由小本经营起家，靠勤劳致富，深知生活的艰辛。不少人发财后，乐善好施，扶

知识链接 **永昌祥商号规章**

一、凡是本号经理及各职事、从业人员，必须遵守号规，如有违反，情节严重者开除出号，轻者酌情处理。

二、本号人员严禁营私舞弊、假公济私、账外经营等行为。

三、不许有不道德行为，如抛妻纳妾、吹、赌、嫖、遥、违法乱纪等。

四、不得泄露本号行情消息、密码、计划等机密事项。

五、不许结交游杂、流氓等行为胡乱的人，不许与之称朋道友。不得将流氓及不明身份的人留宿号内。

六、本号人员必须维护信用，礼貌待客。不许以假货充好货。不得以次充好、短斤少两。

七、不得擅离职守、无故旷工。如有特殊情况，经说明同意才行。

八、本号人员必须尽职尽责。在经营中有显著收益效果者，执行奖励，分享收益提成。

九、本号人员经营踏实、行情消息准确者，分别享受奖励。

十、本号人员遵守信账财务制度，账务数据准确及时，方便经营结算，有利本号者，从优受奖。

白族企业家捐建的喜洲小学

危济困，有很强的社会责任感。他们修桥补路，兴办学校、医院、图书馆，带头捐资支援抗日战争，支援解放军边纵游击队，支持地方教育与文献古籍出版，设立奖学金奖励资助有志青年完成学业，成为国家有用之才。所做好事和善事不胜枚举。

第四章
走向新时代

中华人民共和国的成立将全国人民引上了幸福美好的康庄大道，中国共产党的民族政策使全国56个民族实现了真正的民族平等、团结、互助和共同发展繁荣。白族的历史也由此翻开了新的一页。白族人民在共产党的领导下，过上了幸福的生活，并通过自己不懈的奋斗，不断创造着美好的未来。

大理白族自治州

大理白族自治州建立

实施民族区域自治是党和国家解决民族问题的一项基本政治制度。在本书第一章中，我们已经介绍过，白族本来是西南地区人口众多、分布面很广的民族，由于历史发展与社会的重大变迁，除了大理外，绝大多数地区的白族已经同化融合于汉族当中，少数融合于其他民族之中，剩下的也只是零星分布。因此，建立民族自治地方，实现白族人民当家做主的重任就历史性地落到了大理专区的肩上。

大理白族自治州人民委员会第一次会议代表合影

大理白族自治州的成立，经历了一个充分酝酿协商与认真筹备的过程。1954年底，中共大理地委根据《宪法》规定，先后提出建立自治州的多个方案，在干部和群众中进行广泛的酝酿和协商。1955年，周保中在致中共云南省委《关于建立大理白族（民家族）自治州的意见》中，指出了认识上应该统一和工作中应该妥善解决的问题。结合云南省委的指示，大理地区各级党委进行了细致的思想教育工作，各民族干部和群众统一了认识，一致认为，白族是大理地区除汉族外人口最多、分布面积最广的一个少数民族；大理地区也是全国范围内唯一的面积较大的白族聚居区。建立“大理白族自治州”，有利于本地区的建设和各民族的共同发展。

大理白族自治州成立选举产生的第一届人民委员会州长、副州长合影

行政区划

1955—1956年，确定了自治州首府、行政区划。自治州首府的设置，经过了长时期的酝酿协商，最后一致同意设在位置适中、交通方便、经济文化较为发达的下关市。行政区划方面，在省委和省政府的直接领导下，经充分协商，将丽江专区白族聚居的剑川、鹤庆两县划入大理专区，同时将大理专区的云县、凤庆划归临沧专区。经行政区划调整，大理白族自治州辖大理、凤仪、漾濞、永平、云龙、剑川、鹤庆、洱源、邓川、宾川、祥云、弥渡、巍山、永建等14个县和下关市。总人口159万多人，其中白族人口51万人，占全州总人口的32%。后经行政建制调整，将凤仪、大理、下关合并，成立大理市；将邓川并入洱源县；将永建并入巍山县，后又从巍山县中分置南涧县。到2012年末，大理白族自治州共辖11个县1个市，国土面积29 459平方千米，总人口349.3万人，少数民族人口约占50%，其中白族人口占三分之一。

知识链接 **白族称谓的确定** 明代以来，汉族一直称白族为“民家族”，但白族从古至今都自称“白人”。因此，用“民家族”还是用“白族”作为族称，就成了一个有争议的问题。1956年4月，大理专区举行座谈会，经广泛深入的讨论协商，根据名从主人的原则，最后确定不用“民家族”称谓，而采用“白族”作为本民族的统一称谓。所以，全国通用的“白族”称谓，是大理白族自治州成立时，经国务院批准后确定下来的。之前并没有“白族”的称谓。

1956年8月，建立大理白族自治州的方案报请国务院批准。中共大理地委和专署召开全区民族代表大会，成立“大理白族自治州筹备委员会”。

第一届州长
张子斋致辞

云南省副省
长张冲致辞

著名作家
丁玲致辞

1956年11月17日，在下关市隆重召开大理白族自治州首届人民代表大会第一次会议。会议通过了《大理白族自治州人民代表大会和人民委员会组织条例》，选举张子斋为大理白族自治州第一任州长。大会向中国共产党中央委员会、全国人民代表大会常委会、国务院和毛泽东主席发了致敬电。

1956年11月22日，自治州首府下关市举行了3万多人参加的庆祝大会，宣布大理白族自治州成立。云南省副省长张冲，著名作家丁玲和中央民族学院副院长、著名社会学家费孝通到会祝贺，并在大会上致辞。大理白族自治州的成立是大理历史发展进程中一个新的里程碑，白族从此进入了一个新的发展时期。

在其他白族人口的小块聚居区，还成立了一批作为民族区域自治制度重要补充的民族乡。在云南、贵州、湖南、湖北4个省的白族乡，具体名称如下表：

全国白族乡列表

省 份	州、市	县(区、市)及民族乡全称
云南省	昆明市	五华区沙朗白族乡(现已改为街道办事处)
		西山区团结彝族白族乡(现已改为街道办事处)
		安宁市太平白族乡（现已改为镇）
	丽江市	古城区金江白族乡
		古城区金山白族乡
		玉龙县九河白族乡
		玉龙县石头白族乡

续表

省份	州、市	县(区、市)及民族乡全称
云南省	保山市	隆阳区瓦窑白族彝族乡
		隆阳区杨柳白族彝族乡
		隆阳区瓦马彝族白族乡
	临沧市	凤庆县郭大寨彝族白族乡
	楚雄彝族自治州	南华县雨露白族乡
	怒江傈僳族自治州	泸水县老窝白族乡
		泸水县洛本卓白族乡
	昭通市	镇雄县坡头彝族苗族白族乡
贵州省	六盘水市	水城县龙场苗族白族彝族乡
		水城县营盘苗族彝族白族乡
		盘县羊场布依族白族苗族乡
		盘县旧营白族彝族苗族乡
	毕节市	七星关区千溪彝族苗族白族乡
		七星关区阴底彝族苗族白族乡
		黔西县绿化白族彝族乡
		大方县响水白族彝族仡佬族乡
		大方县三元彝族苗族白族乡
		大方县普底彝族苗族白族乡
		大方县核桃彝族白族乡
		织金县三甲白族苗族乡
		纳雍县厍东关彝族苗族白族乡
		纳雍县昆寨苗族彝族白族乡
		赫章县松林坡白族彝族苗族乡
湖南省	张家界市	桑植县刘家坪白族乡
		桑植县马合口白族乡
		桑植县走马坪白族乡

续表

省　份	州、市	县(区、市)及民族乡全称
湖南省	张家界市	桑植县洪家关白族乡
		桑植县芙蓉桥白族乡
		桑植县麦地坪白族乡
		桑植县淋溪河白族乡
湖北省	恩施州	鹤峰县铁炉白族乡

大理白族自治州社会经济发展

大理白族自治州建立以来，各级党委、政府高度重视民族工作，认真贯彻民族区域自治政策，着力构建民族平等、团结互助、共同发展繁荣的社会主义民族关系，不断建立健全和完善民族区域自治制度与民族法律法规体系。紧紧围绕“共同团结奋斗、共同繁荣发展”的主题，创新发展思路，改进工作方法，强化各项措施，加快民族经济和各项社会事业的发展。全州社会、经济、文化各项事业取得了巨大成就，政通人和民族团结、社会稳定，全州上下呈现一派欣欣向荣的景象。

全州经济快速发展，基础设施建设日新月异，综合经济实力显著增强。全州地区生产总值从1949年的4 565万元增加到2012年的672.1亿元，人均达到19 283元。

位于苍山洱海之间的大理白族自治州首府大理市下关镇

农业生产已由单一的粮食生产发展为粮、烟、畜、果、林、蔬菜等全面协调发展。2012年，全州农林牧渔业总产值达286亿元，实现了农副产品总量基本平衡，丰年有余。

1949年全州工业生产只有从事食品加工、发电和机械修理为主的13家私营小型企业，总产值1 090万元。经过60多年的发展，现已建成了以烟草、冶金、电力、建筑建材、机械制造和优势农产品加工为主的支柱产业，2012年，全州实现工业总产值782.2亿元。

第三产业快速发展，全州第三产业增加值由1978年的1.05亿元增加到2012年的241.2亿元。商业发展，市场繁荣，2012年，全州实现社会消费品零售总额204.6亿元。大理是云南省著名的风景旅游胜地，与全国一样，改革开放以来，大理的旅游业兴起并不断发展壮大，到2012年，全州旅游人数达到1 847万人次，旅游业总收入195.4亿元。

水、电、路、邮政、通信等基础设施建设成果累累，广大铁路、大丽铁路、楚大高速公路、大保高速公路、大丽高速公路、大理机场等先后建成，并投入运营，大理成为滇西地区最重要的交通枢纽。邮电通信已建成包括光纤、数字微波、程控交换、移动通信等覆盖全国、通达世界的共用电信网，并建成了业务种类齐全、网点密布的公用邮政网。全州已实现乡乡通公路、通电、通电话。昆明到大理的成品油管道建成并投入使用。水利建设方面，先后建成了引洱入宾工程（引洱海水入宾川县）、山区“五小”水利工程和一大批中小型水库，大大改善了农业生产条件，为农业生产发展奠定了坚实的基础。

教科文卫全面发展，社会事业欣欣向荣。

教育事业。2001年，全州12个县市全部实现了基本普及九年制义务教育、基本扫除青壮年文盲的目标。到2012年，全州拥有各类学校1 895所，其中，高等学校1所，中等专业学校4所，普通中学203所，职业中学14所，小学1 010所，幼儿园663所；在校学生612 243人。高考上线率连续多年居全省前列。大理学院已经建成为一所立足大理，面向全国，辐射东南亚、南亚的综合性大学。现有全日制在校生1.5万多人，继续教育学生1万多人。

科技事业。大理白族自治州的现代科技初创于1952—1956

大理白族自治州成立50周年庆祝盛会

年，到2012年，已建成了一批科研机构，建立健全了科技行政管理网络与州县乡三级科研推广网络。取得了一批优秀科技成果。全州人才总量达24.4万人（含教师），科技进步对国民经济增长的贡献率达47.1%。

文化事业。全州拥有各类文化事业机构143个，建成了州图书馆、州博物馆及全民健身中心、明珠广场等一大批标志性重点文化设施，建成州、县市图书馆和州、县市、乡镇三级文化站，建成村级文化室603个，农民文化大院46个，各种文化广场51个，装配农家书屋968个，建成信息资源共享工程州县级支中心13个，乡镇网点100个，较好地满足了城乡人民文化生活需要。

广电事业。大理州在20世纪30年代开始有了无线广播，2012年，全州所辖县市均建立了广播电台和电视台，全州除了极个别的偏远地区外，都能收听、收看广播、电视。

卫生事业。1952年，全州仅有卫生机构30个，专业卫生技术人员415人，病床227张。到2012年，全州共有医疗卫生机构1 783个，卫生人员总数达10 704人，技术人员9 064人。有病床12 400张，每千人口有病床3.57张。医疗设备增加，医疗条件改善，医疗水平有了很大提高。尤其是新型农村合作医疗开展以来，极大地缓解了农民“看病难”“因病致贫”和“因病返贫”的问题。

随着各项事业的不断发展进步，全州城乡面貌正在发生日新月异的变化，城市化步伐加快，城乡人民生活明显改善。2012年，城镇居民人均可支配收入20 391元，农民人均纯收入5 689元。各族人民精神振奋，意气风发，正以前所未有的努力，为全州与全国一道全面建成小康社会而奋斗。

兰坪白族普米族自治县

1987年11月27日，经国务院批准，在白族人口占全县总人口46.9%的兰坪县，成立了兰坪白族普米族自治县。

兰坪白族普米族自治县成立以来，各项事业也取得了很大成就，按自治县成立20周年时的报道，2006年，兰坪县的生产总值为26.92亿元，是1986年成立自治县时的39倍；人均GDP1.36万元，是1986年的30倍；广播覆盖率88%，电视覆盖率93%。1999年、2003年和2005年，先后通过了“普六”、扫盲和“普九”的验收。但由于兰坪属地处偏远的冷凉山区，社会经济文化发展条件较差，所以总体发展水平滞后，属国家级贫困县，据2012年县政府工作报告，兰坪全县城镇居民人均可支配收入为12 885元，农民人均纯收入只有2 614元，刚刚越过国家贫困线，尚须进一步加大扶贫发展力度。

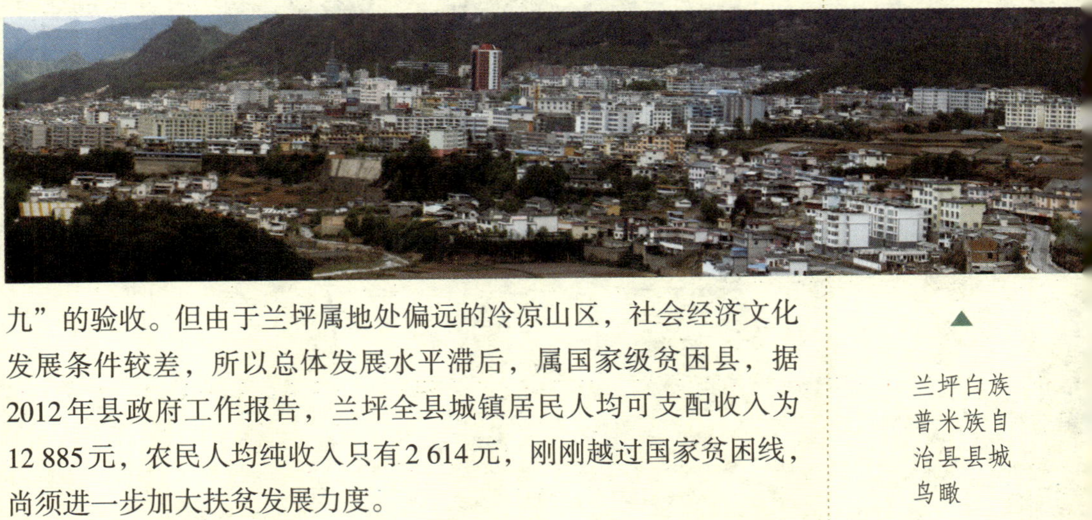

▲ 兰坪白族普米族自治县县城鸟瞰

第五章
云南省外的白族

家乡万里起干戈，避迹天门伴楚歌。
昔日身耕同鹿石，今朝俎豆永江河。

这首七绝是湖南桑植县白族谷姓族谱讲述其祖先在宋末元初因战争原因迁徙至湖南的事迹。

由于战争原因，元明清三代有许多白族人被征调到云南以外的地区，他们为这些地区的稳定和发展做出了自己的贡献。

贵州白族

人口与分布

贵州省是我国白族人口分布第二多的省份，据2010年第六次全国人口普查，贵州白族人口共有17.79万人，为贵州19个世居民族的第九位。比2000年第五次全国人口普查的18.74万人减少0.95万人，人口下降的主要原因是出省务工的人员增加造成的。据推测，目前贵州省白族人口应该超过了20万人。

威宁彝族回族苗族自治县“七姓民”聚居村蛇街村的山坡地

贵州白族主要分布在黔西北毕节市的各县、区，其次是六盘水市，安顺市与贵阳市也有部分白族人口分布。毕节市白族人口为103 422人，六盘水市白族人口有53 410人。

贵州白族没有大的聚居区，分布形式基本上是大分散，小聚居。没有自治县，甚至连一个单独成立的白族乡都没有，只有人口较为聚居的村寨，所以白族人口较多的地区都是与其他少数民族一起成立联合的民族乡。

返本归源与民族认同

贵州白族的情况比较复杂，主要分成两类：一类为返本归源，另一类为民族认同。贵州历史上有白族，而且有着显著的民族特征，贵州的许多史籍都有关于白族的记载。贵州古代史籍记载白族，一般将返本归源的这一部分称为“僰人”“白儿子”“七姓民”；将民族认同的这一部分称为“龙家”。由于复杂的历史原因，贵州白族一直没有被国家确认。

蛇街村民

返本归源“七姓民” 改革开放以后，党和国家的民族政策逐步得到恢复和落实，为了解决民族识别的遗留问题，根据国家民族事务委员会（1979）民政字第166号文件，贵州省对省内一些待识别族群重新进行了调查识别。1982年4月，确认分布在威宁、赫章、水城等县的“七姓民”返本归源为白族。后来又确认大方县的段姓、盘县的李、杨、段等姓氏返本归源为白族。

知识链接 **“七姓民”** 南诏国时期被国王派到“乌撒部”的官员的后裔，因迁入时有张、苏、赵、李、许、钱、杨七个姓氏，故被称为“七姓民”，有时又被蔑称为“白儿子”。南诏国和大理国的“乌撒部”，大体相当于现在的贵州威宁、赫章等地区，国王派这七个姓氏的官员到“乌撒”，就是为了加强对这个地区的统治和管理。按“七姓民”的家谱与口碑传说，他们是由滇入黔的，原来住在城里，大约在明清时期被迫迁居乡下。由于失去经济文化发展的有利条件，导致后来这部分人的经济文化发展比较落后。

盘县白族 《乾隆普安州志》记载：“僰人居鲁上、簸箕、狗场三处。盖大理王段氏、蒙氏之遗，故其族多姓段、李、赵三姓。”清朝的普安州，就是现在的贵州盘县。这条记载说的是，盘县姓段、李、赵等姓氏的“僰人”是南诏王蒙氏和大理王段氏遗留下来的。这表明，返本归源的白族应该是从唐宋时代开始分批由滇入黔的，大理国灭亡后，就落籍为民了。从《乾隆普安州志》到《民国贵州通志》都记载了贵州白族的白语，且所记白语

2013年贵州省六盘水市白族火把节文艺演出

仍然可以用现代白语释读，说明贵州白族直到民国时期仍然会讲白族话。贵州白族的一些民俗与宗教信仰到民国时期还有。所以，贵州白族的语言和多数传统风俗习惯的丧失是民国以后的事。

民族认同

贵州白族的另一部分“龙家”是由民族认同而来的。龙家是贵州的古老民族之一，《元史》《贵州通志》《大定府志》《清镇县志》等80余部贵州地方史志，均有关于龙家的记载。其支系有4种，史称大头龙家、小头龙家、马镫龙家、曾竹龙家。有时根据其不同衣饰，又称白龙家、狗耳龙家等。明代以前，龙家的主要分布地区是贵阳、安顺、黔南、毕节等地。明末以后，因多次受到官府镇压，被迫辗转迁徙，大部分从贵阳、安顺、黔西一带迁入毕节地区，形成龙家现在主要聚居于毕节地区的格局。

贵州白族团圆节

明初朱元璋四子燕王朱棣发动“靖难之役”，推翻侄子建文帝后，一些忠于建文帝朱允炆的臣子及其亲属逃难进入贵州，友善淳朴的龙家人接纳了他们，并与他们合姓结盟。逃难到贵州的这些南京人与龙家结盟后合为一个民族，隐蔽南京人之名，对外统称龙家。经过长期发展，逐渐融合，已经无法区分谁是龙家，谁是南京人。但是祖上是南京人的说法，一直在这个族群当中流传。后来，对外说自己的民族成分时，他们时而说自己是南京人，时而说是龙家。所以，国家进行民族识别时，他们曾要求成为一个单独的民族——“南龙族”。为了准确起见，民族识别调查组在调查时，将这一族群的名称写为“龙家（南京）”。

1985年，贵州省民族事务委员会经过认真调查识别，认为他们可以成为一个单独的民族，并向国家民族事务委员会汇报，请求认定“南龙族”为单一民族。国家民族事务委员会根据“不再增加新的民族单位”的要求，明确按国家民族事务委员会（86）民政字第252号《关于我国的民族识别工作和更改民族成分的情况报告》精神，对待识别民族解决族称问题，只能采用民族认同的方法。即：“从有利于民族团结和民族自身的发展出发，对于相互近似的民族集团，即其语言基本相同、民族特点相近、地域相连而又形成密切经济联系的，尽可能相互合为一体，认定为同一民族。”

由于龙家在族源问题（龙家在族源上与白族同属氐羌族系的民族，有大体相同的同源关系，属于近亲民族——笔者注）、地域关系、居住环境、社会性质、语言特征、房屋结构、服饰特色、建筑工艺、丧葬习俗、图腾崇拜、宗教信仰、姓氏谱牒、心理素质等十三个方面，与大理白族有相同点或相似点，所以，最终选择了云南的白族作为认同对象。通过对云南白族的考察，并与白族的领导、专家学者交换意见，龙家的民族认同，受到云南白族同胞的欢迎。1988年，贵州省人民政府正式批复，同意毕节地区龙家（南京）人正式认定为白族。

贵州白族由于分布地区比较偏僻，又处于集中连片的喀斯特地貌贫困地区，交通不便，以前搞“以粮为纲”，乱砍滥伐，生态环境破坏严重，因而社会经济文化的发展滞后于白族的主要聚居区大理。改革开放以后，国家加大了对贫困地区的扶贫开发力度，贵州白族地区的基础设施建设得到很大改善，绝大多数白族村寨都通了水电路，许多青壮年外出务工，增加了收入。近年来，国家大搞新农村建设，改造农村危房，大多数白族家庭都建盖了新房，群众生活大为改善。2012年，贵州省农民人均纯收入

▲

贵州白族形象大使杨雅淇

为4 753元，而笔者2012年前去考察的大方县响水白族彝族仡佬族乡农民人均纯收入达到5 018元，略微超过全省平均水平。盘县旧营白族彝族苗族乡农民人均纯收入达4 319元，略低于全省平均水平。贵州白族在文化教育方面，从前相对落后，接受高等教育的人很少。改革开放以来，贵州白族考上大学的人数逐年增加，有的优秀学生甚至考上了清华大学、北京大学、浙江大学、上海交通大学、四川大学、中央民族大学、中国农业大学等名校。据统计，大方县在新中国建立以来先后出了白族大学生千余人，博士、硕士生10余人。可以说是一种了不起的进步。

湘鄂白族

人口与分布

湖南白族以张家界市所辖的桑植县为中心聚居，其余散居在湘鄂川渝黔的交界地带。据2000年第五次全国人口普查，湖南省

桑植县白族仗鼓舞列入了国家非物质文化遗产名录

有白族人口125 597人，其中，张家界市有白族人口104 163人，张家界市所属的桑植县有96 889人。毗邻张家界的怀化市沅陵县有白族人口16 000多人。2010年第六次全国人口普查，张家界市白族人口为95 235人，人口下降的原因可能也是外出打工的人多造成的。据桑植县白族学会估计，现在桑植籍的白族有12万人。

湖北的白族主要分布在与桑植县接壤的鹤峰县铁炉白族乡。2006年，湖北省确认他们是白族并成立了白族乡，人口4 882人。他们主要是在清朝开始的不同时期由桑植断断续续迁入铁炉的，也就是说他们是桑植白族的分支。

▲

桑植县芙蓉桥白族乡三月街

民族来源

湘鄂白族属战争移民。宋末元初，蒙古军发动了统一全国的战争。忽必烈亲率十万大军，渡过金沙江，出奇制胜地平了大理国，从而形成了对南宋的战略包围。由于在战争中受到大理国的顽强抵抗，蒙古军队减员很大，只剩两万多人，这两万多人既要攻打南宋，又要镇守云南，所以，蒙古军大将兀良合台只带领精骑3 000多人，另外签发大理国军队“爨僰军”两万多人，由大理国国王的叔父段福率领，充当蒙古军队攻打南宋的前锋。这支军队从元宪宗八年（1258）出发，先攻降交趾（今越南河内），然后攻破横山寨（今广西田东县）、象州（今广西象州），入静江府（今广西桂林），然后又连破辰、沅二州（今湖南沅陵和芷江两县），直抵潭州（今湖南长沙），最后于元宪宗九年（1259）与忽必烈的大军在鄂州（今湖北武汉市）会合。元中统二年（1261），这支“爨僰军”被遣返回云南，其中部分官兵就流落在长江流域的湘赣一带，辗转迁徙，后解甲归田。这就是湘鄂白族的由来。迁到湘鄂地区的白族至今已传27代，750多年。

经济与社会生活

“爨僰军”的流散军人初到桑植时，人烟稀少，尚未开发，他们便“插草为标，指手为界”。每个姓氏都以居住地区的地理特征和姓氏给本姓氏居住的地区命名。以特征命名的如谷家錾子岩、王家覆锅岩、钟家狮子岩、熊家鱼儿岩，以姓氏命名的如马家峪、李家坪、李家峪、王家界、王家湾、刘家坪、张家溶、谷

▲

桑植县芙蓉桥白族乡女子舞龙队

家坪、车家峪、熊家坪、杨家峪、钟家弯等。

桑植白族定居下来以后，数百年来以耕读为本，诗书礼仪传家，基本上保持了大理白族的生产生活特点。每个姓氏的定居地都尽力选择山谷小平坝宜于开垦梯田的地方，各姓氏之间相互照应，相互通婚，农业以种植水稻为主，兼赶马帮做生意，同时从事手工业生产。那时桑植属土司地区，社会经济文化发展十分落后，当地土家族主要种植玉米、小米、洋芋、荞子、麦子等杂粮，不种水稻。白族落籍桑植后，把家乡的生产生活方式带了过去，他们依山傍水，修筑梯田，种植水稻，是当地最早种植水稻的民族。

古时候，桑植的市场交易极不发达，没有像样的集市。白族到后带去了赶庙会同时在庙会上进行物资交易的习俗，后来觉得只在赶庙会的时候交易不方便，满足不了生产生活的需要，遂逐步改为定期的集市贸易。这对当地生产力的发展是一个极大的推动。

桑植白族能工巧匠特别多，有木匠、铁匠、石匠、篾匠、泥瓦匠、补锅匠、皮匠、铜匠、银匠、纸匠、印染工、画工、油漆工、木雕工、石刻工、裁缝等等。白族妇女善于挑花刺绣，编织草帽，自己种植棉花，自己纺线织布，用自种的淀蓝染布，方法有扎染、印染、蜡染等几种。印花被面垫单是当地的有名产品。

桑植白族重视文化教育，是当地文化水平较高的民族。白族人有一句著名的口头禅“养儿不读书，不如养头猪”。不论家庭多么困难，家长都尽力供子女读书。据《武陵谷姓白族志》粗略统计，从元代至清代，武陵谷姓白族人考取举人、生员、监生、岁贡生、贡生、例贡、附生、庠生、廪生的就有170人。据《钟氏族谱》“登云录”记载，钟姓在明清两朝考取进士、举人、贡生、监生、庠生、廪生、文武秀才，当过知府、知县、县丞、教谕、判官、总兵、千总、骑尉的有600多人。当代湘鄂地区白族大学生与各类人才仍然比较多。

民族识别

桑植是一个民族大家庭，主要有土家族、白族、汉族、苗族等。桑植县的白族自称白子、白尼，其他民族称其为“民家人”。在国家未进行民族识别之前，一直未能确定族称。

20世纪80年代初，湖南省组成了省、州（当时桑植属湘西土家族苗族自治州，后划归张家界市）、县三级专家与“民家人”组成的民族调查组，首先对桑植民家人的社会历史、风俗习惯、语言等进行认真细致的调查，然后于1982年9月，赴云南白族聚居的大理白族自治州进行了为期30天的对比调查，最终确认桑植的“民家人”就是700多年前由云南迁来的白族。

随后，湖南省民族事务委员会以（84）湘族字2号文件向省人民政府上报了《关于桑植县“民家人”改为白族的报告》，湖南省人民政府办公厅下发了《关于认定桑植“民家人”为白族的批复》湘政办［1994］249号文件，确认桑植“民家人”为白族。按照白族的分布情况，成立了刘家坪、走马坪、瑞塔铺、马合口、麦地坪、洪家关、芙蓉桥等7个白族乡。瑞塔铺白族乡改为镇后，又批准成立淋溪河白族乡，所以现在桑植县的白族乡仍然是7个。

桑植“民家人”的民族成分确认后，分支在湖南沅陵、湖北鹤峰等毗邻县的“民家人”纷纷要求落实白族成分，政府组织有关专家调查后，经省长办公会议研究同意，湖南省民族事务委员会发布《关于沅陵县少数民族成分遗留问题的批复》湘族［1994］27号文件，落实了白族成分14 253人。

湖北省鹤峰县的“民家人”落实民族成分的经历要曲折一些。在桑植民家人落实了白族成分后，鹤峰县民家人就要求落实白族成分，但一直拖到2006年才被确认。2006年9月8日，鹤峰县铁炉白族乡举行成立大会，鹤峰白族的民族成分得到圆满解决。

湘鄂交界处的白族，由于分布地是偏远地区，交通闭塞，又是革命老区，社会经济文化发展条件较差，所以，各方面都还较为落后。这几年，党和政府虽然采取了许多特殊发展措施，但经济发展指标还是比较低。据2012年桑植县政府工作报告，全县农民人均纯收入从5年前的1 890元增加到3 200元，刚刚跨过温饱线，比贵州省还低。我们期待着国家对于湘鄂西这样为中国革命做出巨大贡献与牺牲的革命老区，采取特殊政策措施，加快发展步伐，使他们也能够与全国同步进入小康社会。

四川白族

四川南部西昌一带，自古以来就是一个多民族杂居的地区，西昌古时候称为邛都、邛部，又称越嶲郡，其土著居民中秦汉时期称为“邛僰”，三国时期称为“叟人”，隋唐时期称为白蛮的这部分人口，是白族的先民。唐宋时代，白族是南诏国和大理国的统治民族，大渡河以南为南诏国和大理国的领土，所以，史书记载唐宋时代在以今西昌为中心地带白族活动的情况比较多，考古发现的古代白族文化遗存也比较多。

《元史·地理志》载，唐代天宝年间，南诏占领越嶲，在今西昌设置会同府，迁徙白蛮张、王、李、赵、杨、周、高、段、何、苏、龚、尹12姓到府城，以赵氏为府主。赵氏弱，王氏取代赵氏为府主。到了大理国时期，权臣宰相高氏专权，驱逐王氏，以其子高政统治会川。元宪宗三年（1253），蒙古军征大理，高

四川省德昌县六所乡花马村委会大檐坎村白族村民

氏逃去。九年（1259），原来被驱逐的府主王氏的孙子阿龙率众投靠蒙古人。至元八年（1271），以阿龙的儿子阿禾任会川的首领。十四年（1277），改管民千户。由此可见，今西昌一带从唐代到元代一直都由白族大姓统治。

据西南民族大学民族研究院副研究员李宗放在《民族研究》2003年第3期上发表的《凉山昭觉博什瓦黑石刻的族属为白族考》一文考证，昭觉县普诗乡面积达400多平方米的巨型佛教石刻造像，为唐宋时代白族的佛教文化遗存。更为难得的是，李宗放在该文中还根据正史、地方志书、族谱、碑刻等资料，加上实地调查研究，详细地论述了从唐代到元明清时期白族在西昌地区活动的情况，说明当地的许多佛教寺庙、西昌蒙段祠等祠堂庙宇均为白族所建。白族从唐代直到清末一直在西昌、德昌、昭觉等地为官，直到清咸丰同治年间才被“改土归流”。此外，考古工作者还在西昌与会理两县市城郊附近发现从大理国至明代的大量伴有白族文化特征的火葬墓。由此可知，古代四川白族主要居住在凉山州的西昌、德昌、昭觉、会理等地。经过历史的变迁，四川白族多数已经融合到了汉族与彝族当中。

据2000年第五次全国人口普查，四川省白族人口有7 335人，其中，凉山州的白族有2 343人，主要分布在会理、德昌、西昌、会东、宁南、普格等地。现在白族在四川基本上为散居，只剩下两个聚居的村子，一个在凉山彝族自治州的德昌县，一个在攀枝花市的盐边县。

德昌县的白族有1 000多人，分布在几个乡镇，其中六所乡花马村委会大檐坎村，有白族102户，380多人。由于年代久远，白族话在这里已经失传，但许多白族的传统节日，如火把节、本主节、七月半祭祖节等在这里得到比较完整的保留。

盐边县的白族，据《盐边县少数民族志》记载，是在清代乾隆年间，由云南省大姚县迁来的，主要聚居在国胜乡白石岩村，有少数在新坪乡的乍古村、五星村和健康乡的上村散居。据1990年全国第四次人口普查，盐边白族共有837人。他们已不会讲白语而改操汉语，但在服饰、婚丧嫁娶、节日、宗教信仰等方面还保留着白族的传统。

东北和胶东等地的白族后裔

白族除了分布在云贵川与湘鄂等省外，明清两代，由于战争原因导致部分云南白族外迁。这些外迁的白族主要流落在祖国东北的黑龙江、辽东和山东胶东等地。经过数百年的发展变化，他们的后代基本上已经融入当地汉族当中。但由于历史的记载与这一群体的后人代代相传祖先来自云南，来自大理，后经各方人士调查研究与寻根问祖，这些人是白族的后代问题已经搞清楚了。不过他们现在的族称是汉族，所以，不能直接称其为白族，只好暂时称其为白族后裔。这里简略介绍一下他们的情况，主要原因是他们的迁徙历史是白族历史的重要组成部分。

白族外迁东北与胶东主要在明初与清初。

明代白族外迁，在《南诏野史》和一些地方志书中都有不同程度的记载，在山东胶东地区和东北地区有相当数量的家谱也记载其祖先是从云南迁来的。

明初云南移民胶东半岛的史事在《莱阳县志》和《牟平县志》中有明确记载。两书都说，迁入两县的云南籍家族，计有张、迟、于、尹、万、王、李、杨、孙、赵、郑、勇、林、冯等14个姓氏。由于明初移居云南的汉族人口还比较少，朱元璋将汉族迁入云南的目的是移民实边，不可能刚迁进来，马上又移出

▲
黑龙江省大庆市杜尔伯特蒙古族自治县巴彦查干乡太和村民居

去。所以，从云南迁移到山东，其中一部分人后来再迁到辽东的这些云南人，主要是白族。因为当时云南的其他土著民族基本不通汉语，迁移起来困难重重。

清代白族的外迁主要与康熙削平“三藩之乱”有关。三藩之乱指镇守云南的平西王吴三桂、镇守广东的平南王尚之信、镇守福建的靖南王耿精忠，在清朝康熙时期发动的叛乱。康熙皇帝平定三藩叛乱之后，正遇上沙俄侵占我国东北的尼布楚、雅克萨等地。为了抗击沙俄入侵，加强北部边防，及时提供战争后勤供给，确保文书、政令传递畅通，根据康熙皇帝的诏令，从吉林乌拉至黑龙江，共1 340里，设置驿站19个，将被俘虏的吴三桂士兵送往各驿站充当站丁，传递文书、谕旨、奏折等。《鸡林旧闻录》记载：“康熙时，云南既平，凡附属吴三桂之滇人，悉配戍于上阳堡。”后来又下饬令，将这些人送去关外，充当为防备沙

黑龙江省大庆市杜尔伯特蒙古族自治县巴彦查干乡太和村“站人”后裔一家人。

俄侵略而遍设军台的台丁。“台丁”其他史书称为“站丁”，这些站丁的后代通常又称为东北站人。当时站丁的主体就是被俘的吴三桂士兵中的云南白族兵。

300多年来，站丁及其后人在抗击沙俄的战争和黑龙江的早期开发与建设中做出了巨大贡献。中俄雅克萨之战期间，站丁们马不停蹄，昼夜穿行于上下驿站间，传递军令、奏报，接待大军，为前线运送粮草给养。当时，黑龙江流域的广大地区，属于人烟稀少的蛮荒之地。站丁入驻驿站后，生活条件和生存环境极其恶劣。所谓的驿站，无非就是只有一个牌子标明此驿站的名称而已，根本没有什么像样的生活设施，可以想见他们生活和工作的异常艰辛。

作为“军犯”的站丁，社会地位极其低下，按照清政府的规定，站丁及其后代有三不准，即：不准当官，不准参加科举考试，不准离开驿站百里。站丁离开驿站百里者砍头。其家属的生产生活范围，也被划定在4公里以内。站丁作为特殊的军人，不能与外人通婚，只能世世代代站丁与站丁之间通婚。直到宣统元年（1909），清政府“设邮废驿”，准许站丁由军籍改为民籍，站丁才由“特殊军人”变成了真正的普通“人民群众”。

2009年9月，中共大理白族自治州委、自治州人民政府启动了“中国白族百村百人”大型影像工程，以真实记录白族厚重的历史文化。拍摄结束后，将拍摄成果制作成大型图片展览

黑龙江省大庆市杜尔伯特蒙古族自治县巴彦查干乡太和村“站人”后裔村民

和六集电视系列片《中国白族》。据《中国白族》第六集报道，东北白族后裔站人主要分布在黑龙江的肇源、杜尔伯特、富裕、瑷珲等地。没有人统计过他们的人数，但保守估计，站人后代的人数至少会在10万以上。读者可以观看电视片《中国白族》，了解详细情况。

第六章
民俗风情

白族民俗风情丰富多样，为中华文化增添了绚丽的色彩。由于分布地区自然地理环境的差异，各地社会经济发展水平的不同，以及受周边兄弟民族的不同影响，形成各地白族在风俗节庆方面既有共同点，又有一些差异，从而使白族文化更加丰富多彩。

饮食与服饰

饮食

各地白族由于社会发展水平不平衡和居住地区物产的不同，饮食有较大差异。坝区白族以大米、小麦为主粮，副食主要是各种蔬菜和鱼、肉、禽、蛋。讲究烹调和卫生，常用烹调方法有：凉拌、煮、炒、炖、蒸、煎、炸等。注重饮食多样化调节与营养的合理搭配，每天两顿主餐都有蔬菜或咸菜佐食。善于腌制火腿、腊肉、香肠、猪肝鲊与各类咸菜。不少妇女会制作乳扇、干那（白族特有食品，即豆粉皮、米粉皮，油炸后食用）、蜜饯、雕梅、炖梅。喜好酸、冷、辣口味。山区主食玉米、荞子、马铃薯等杂粮，蔬菜副食较少，平时多为粗茶淡饭，只有婚丧节庆和贵客来访的时候，食物才丰盛一些。

酸辣鱼

洱海海菜煮芋头

八大碗 八大碗是白族传统待客的菜肴，红白喜事宴请客人通常都上八大碗。农村请客多用四方桌子，8个人一桌，菜肴一般上8个，四荤四素，俗称“八大碗”。荤菜相对固定，多为红肉大炖、酥肉、千张肉、粉蒸肉各一大碗。素菜品种相对复杂，第一大碗素菜：由豆类组成，如大白豆、小白芸豆、白花豆、和波豆等；第二大碗素菜：由干菜系列组成，如黑木耳、干香菇、干竹笋、海带、干黄花菜等。第三大碗素菜：粉丝，将烫过的粉丝，放入大碗中后，在上面浇上一

八大碗外加拼盘凉粉

层面酱，撒上葱花、炒豆瓣、芫荽叶等；第四大碗素菜：五花菜，是红萝卜丝、百合、青菜秆丝、虾仁、油炸豆腐丝等五种菜的组合。八大碗也是与时俱进的，困难时期减为六碗，经济条件好了，会加上拼盘与其他好吃的菜肴，但基础都是八大碗。

剁生　剁生是白族的一种重要食俗，这种食俗早在唐代文献中就有记载。古代白族剁生的食物种类很多，现代有所减少，主要有猪肉、羊肉和螺蛳，而以猪肉最常见。剁生猪肉白语叫“婀因赫肖”（erye herlxiao），意为腌吃生肉，汉语一般译为吃生皮。其制作方法是：取一块火烧猪肉，一块皮、一块肝，分别切成丝，装入盘中，再用葱花、姜丝、蒜泥、芫荽、油辣椒、芝麻油、油炸花生和核桃舂成的粉末、炖梅或醋等做一碗作料，蘸食，味道极为鲜美爽口。

为爱食生肉的食客切生肉

白族杀猪通常用稻草火烧去毛，再用清水刮洗干净

砂锅鱼　在众多白族食谱中，以大理砂锅鱼最为有名，这道名食以活鱼为主料，再加鲜鸡肉片、猪肉片、猪蹄筋、猪肝片、豆腐、火腿、鱿鱼、海参、虾仁、蛋卷、冬菇、玉兰片、白菜心、胡萝卜片等近20种配料，放于砂锅内清炖而成，趁热就食，汤鲜肉嫩，美味无比。

砂锅鱼

烤制喜洲破酥粑粑

喜洲破酥粑粑 喜洲破酥粑粑是云南省有名的食品，为大理市喜洲镇的名食。传统的制作方法是：先发麦面，加香油揉制，内包火腿丁、猪油渣、红糖、鲜肉、葱花等做馅，再用上下层都烧栗炭火的吊炉烤熟，趁热吃，味道酥软香甜。分甜、咸两种。

乳扇 乳扇是大理白族用特殊方法制作的乳制品。制作乳扇的方法是：先将部分牛奶发酵制成酸奶，放入锅中煮到70℃~80℃，便把鲜牛奶舀入锅里，用木棒徐徐搅动，待其凝结成粉团状后捞出揉捏，再用筷子摊成8厘米宽、20厘米长的薄片，两端拉出角，卷裹在竹架上晾干即成。白族吃乳扇的方法多种多样，最常用的方法是用菜油炸泡黄后食用。也可以将红糖、鸡蛋、乳扇丝合煮成乳扇荷包蛋；或者用鲜牛奶煮鸡蛋，再加入乳扇、冰糖，称为鲜奶鸡蛋冰糖煮乳扇。还可以炒乳扇丝、烩三鲜乳扇丝、油煎乳扇包子、炸乳扇洗沙饺、烧乳扇卷等。以上几种吃法均十分香甜可口。

酒店餐桌上的乳扇

晾晒乳扇

服饰

白族崇尚白色，多数地方都喜欢穿白色衣服，但各地有一定差异，且古今有一定变化。

大理白族聚居区的当代服饰，男子一般穿白色对襟衣，外罩黑领褂，下穿白色或蓝色长裤，坝区缠白色包头，山区则多缠黑色或蓝色包头，脚穿黑布剪口鞋。

妇女的服饰各县不大一样，且未婚和已婚差别较大。大理市的青年女子上着白上衣，红坎肩，或穿浅蓝色上衣，外套黑色或紫色丝绒领褂，下着白色或蓝色宽裤，上衣右衽结纽处挂三须或九须银饰，

▲ 白族中老年妇女

◀ 剑川白族母女

兰坪白族普米族自治县白族支系那马人男子

腰系绣花飘带短围裙，足穿绣花“白节鞋”或“凤头鞋”，手上多戴纽丝银镯或玉镯、戒指，耳挂金银制或玉制耳环。未婚妇女编独辫，连同白缨穗的花头巾或彩色毛巾，用红头绳盘于头顶。已婚妇女挽髻，绾以簪子，以彩色毛巾、扎染布、黑布或蓝布作为包头巾。山区妇女多缠白色或黑色包头。年轻姑娘衣着艳丽，婚后随着年龄的增长，衣着逐渐趋向素雅和深色。

兰坪白族（那马人）男子早先穿麻布长衫，后改为上穿右开襟麻布短褂，或羊毛毡短褂，下着宽裤，头戴蓝色或黑色瓜皮帽。妇女多穿无领麻布对开短褂，下着白、蓝、黑色伞状折子裙，裙外边系花麻布围腰，胸前戴银饰，用3尺布绑腿，脚穿船形鞋。未婚妇女戴后边呈尾状的“茨菇帽”，已婚妇女缠包头。

泸水、福贡等地的白族（勒墨人）男子头戴缀有海贝的黑色包头，身穿长至膝盖的白色麻布大衣，圆领和袖口缝一圈黑布，背后沿脊椎两侧缝两条宽约15厘米的黑布，下着长裤。妇女身着白色麻布短上衣，袖口和背部缝黑、红、黄、绿等颜色的布做装饰，头戴缀满贝制小纽扣的头圈，头圈背后垂两条同样缀满贝制小纽扣的

勒墨人青年男女

五彩飘带，下着黑色百褶裙，胸前佩戴几串各色珠子穿成的项链和4个大海贝穿成的胸饰。

婚姻与丧葬

婚姻

白族除了同姓同宗不婚外，皆可通婚，与其他民族通婚的情况也比较多，尤其与汉族通婚的比例较高。过去，许多地方有姑舅表和姨表通婚的习俗，称为亲上加亲。婚媾形式主要是男娶女嫁，但入赘婚也较普遍，赘婿多需改名并换女方姓氏，有女方财产继承权，所生儿子“长子立嗣，次子归宗”。

为了让游客了解白族民俗，白族婚礼仪式已经演变为旅游表演，图为表演背新娘

古代白族实行自由恋爱结婚，这在唐代至元代的史籍中都有很多记载。后来受汉族封建婚姻的影响，许多地方都改为封建包办婚姻。中华人民共和国成立前，多数地方的婚姻为“父母之命，媒妁之言”，明媒正娶。自由恋爱结婚的较少。怒江、澜沧江边的白族支系勒墨人和那马人青年男女多为自由恋爱成婚，还保留有“串姑娘”的习俗。

成婚仪式各地有别，但一般都经过提亲、回话、订婚、结婚

抬着嫁妆的送亲队伍

▲

女方家长送女出嫁的首饰

等过程。订婚要测“八字”，并由男家送酒、猪肉、茶、糖、衣料、首饰和聘金给女家。订婚后，凡逢年过节，男方要向女方送礼，直到结婚为止。

结婚仪式热闹烦琐，一般有搭彩棚、迎喜神、接月老、献本主、迎亲、送亲、拜天地、拜祖宗、拜父母、拜长辈、闹洞房等。结婚3天，男家要杀猪宰羊摆酒宴，请亲朋宾客赴宴，亲朋亦送礼祝贺。婚后2~7天，新婚夫妇要带着礼物回娘家献恩，女家要备酒宴请回门客。

抢新娘表演 ▶

白族不轻易离婚，倘若离婚，须由丈夫写出“休书”，女方得到“休书”后，可以改嫁。寡妇可以改嫁，但封建社会后期，多数白族地区都鼓励守节，所谓“贞妇烈女”常被载入家谱和地方志书，有的还竖有“贞节牌坊”。

中华人民共和国建立后，旧的婚姻制度已得到很大改变，大多数白族青年都通过自由恋爱，建立起幸福的婚姻家庭。

丧葬

白族的丧葬习俗随着历史重大变迁而不断演变。在南诏建国以前实行棺木土葬。白族先民聚居的滇池地区出土的汉代以前的棺木以土葬形式居多。东汉至唐初的西爨白蛮也实行墓葬。洱海地区从青铜时代起，考古发掘出的历代棺椁墓有很多。梁建方

《西洱河风土记》载：唐初西洱河地区的杨、赵、李、董等白族先民“死丧哭泣，棺椁袭敛，无不毕备”。

祭祀逝者的祭品

南诏建国以后，由于受到佛教影响而改为火葬。元初李京《云南志略》“白人风俗条”说：“人死既焚，盛骨而葬。”根据云南大理、洱源、剑川、鹤庆、云龙、楚雄、保山、通海，四川西昌、会理等地出土的从唐代至明代的火葬墓考察，白族火葬的方式是用陶罐或瓷罐等装骨灰埋入地下，陶罐上有佛教莲花图案，坟上竖刻有梵文的小石塔或墓幢、墓碑，墓幢与墓碑上大都有墓志，两面刻有花纹，雕佛像，刻有梵汉两种文字。碑的两侧往往刻有死者姓名和立碑年代。丧俗受佛教的影响一目了然。明、清时期，统治者革除所谓“蛮风夷俗”，白族又改火葬为土葬。

白族的丧葬仪式各地有一定区别，多数地区都要经过送终、入殓、守灵、祭祀、出殡、安葬等程序。这些仪式和墓葬形式与汉族基本相同，显然是官府在白族中强制推行汉族丧葬习俗的结果。唯那马人和勒墨人死后要举行吊丧仪式，围着灵柩跳舞和唱挽歌。勒墨人在死者埋葬后，于墓前竖一个栗木架子，架上挂土锅、弩箭、织布机等死者生前用物，以及两个内装粮肉等祭品的麻布袋，以示供死者使用和享受。

出殡路上

居住与节庆

居住

白族以村镇为单位居住生活，村镇依山傍水而建，村寨规模山区多数从几户到几十户；坝区从几十户到几百户，大的村镇有1 000多户。大村镇一般都建有广场、戏台、本主庙等，民房相互毗连沿街巷修建，村镇入口处建有风水照壁，并种有1~3棵枝繁叶茂的大榕树，村内有若干眼水井，小溪沟渠穿村而过，便于取水洗涤。

▲

喜洲白族民居之一

由于各地社会发展和居住环境不同，民居建筑有较大差别，大体有竹篾笆房、垛木房、土木石结构与砖木石结构的院落式瓦房等几种类型。

竹篾笆房 竹篾笆房主要存在于边远落后的怒江勒墨人居住地区。这种住房依山坡建成干栏式结构，用木料作房架，木板或龙竹板当地板，房顶覆盖木板或茅草。分上下两层，并搭有晒台，围竹篾笆当墙壁，上层有2米多高，用于住人；下层四周围木柴，有1米多高，用来关牲畜。

人居住房多隔成2~3间，其中有一间大的设火塘，供长辈居住、煮饭和待客，小间供子女居住。

怒江傈僳族自治州泸水县洛本卓白族乡金满村沿山坡修建的竹篾笆房

垛木房 垛木房主要存在于洱源、云龙、兰坪、剑川、维西等地贫瘠山区。云南的许多山区民族都盖这种房子。垛木房用直径10~15厘米的圆松木，或是锛砍斧劈的方木，两头开凿榫槽，再上下横直交错接榫卡紧，逐层垒垛成墙体，顶部搭“人”字形木屋架，上面覆盖木板或茅草。现在条件好了，多改为瓦屋顶。居住格局与“竹篾笆房”相同。主房附近另修建粮仓和畜厩。

高寒山区的垛木房

苍山脚下的白族民居院落

院落式瓦房 院落式瓦房是坝区白族的主要民居。组成院落的主要建筑有正房、耳房、门楼、照壁和天井等。院落类型主要有“一坊一廊”“两坊一耳”“三坊一照壁”“四合五天井”等。

一幢三开间二层楼房，白族称为一坊房子，底层两侧为卧室，中间为堂屋（客厅），前面有台阶走廊，楼上三间堆放粮草和用具，也可当卧室，前墙用木板镶隔，同时开门窗，堂屋安装六扇雕花格子门，木屋架立柱穿梁，连接成坚固的整体，左、右、后三方下石脚，上砌土基或夯筑土板墙至房顶，有的直接从石脚起砌石墙到房顶，故有“大理有三宝，石头砌墙不会倒”的民间俗语。三面屋檐均砌薄石板当飞檐封闭，以防邻居火灾殃及，屋顶覆盖瓦片。一般生活较困难的人家通常以一坊房子为主，再配以厨房、畜厩、厕所，围以土筑围墙，就形成了一个院子，院心以青石板铺地，称为天井。生活水平较高的人家多建“两坊一耳”“三坊一照壁”或“四合五天井”的院子。

喜洲白族千百年传统的水井

“两坊一耳”的院子即两幢房子的转角处再建一个小耳房。“三坊一照壁”的院子，是建三坊房子，再加一个照壁，围成一个院落。“四合五天井”的院子，是建四坊房子，围成一个院落，院子四角各建耳房，耳房与主房相交处形成四个小天井，外加院子中间的大天井，共五个天井，故称为“四合五天井”。

门楼和照壁是白族民居建筑中最富有民族特色的部分，是白族民居建筑的重点装饰部位。大型住宅的门楼，下半部位用花岗石、青石、大理石等砌成，中间部位用青砖砌成，并镶嵌浮雕或风景图案大理石，上半部位分双层，翼角翘起如飞，斗拱重叠，檐牙高啄，上有木雕泥塑龙、狮、花、鸟图案，并彩绘油漆，造型优美典雅，富丽堂皇。照壁底部多用青石当石脚，两侧用青砖

新建的白族民居

或者大理石砌成，壁顶修建成飞檐滴水，脊瓦两端起翘，形成优美的弧线，两头四个檐角如飞，酷似海鸥展翅的形象，壁身用土夯筑而成，再用白石灰粉刷，中间镶嵌圆形山水图案大理石，或竖或横镶嵌四块正方形大理石，请名人题写“万紫千红”“旭日东升”“苍洱毓秀”“福”“寿”等吉祥如意的大字，并在四角和飞檐下面绘上龙、凤和动物山水画。照壁下面砌有花坛，栽种山茶、石榴、桂花、月季、菊花、兰花等花木，一年四季草木芬芳，花香四溢。最具白族民居建筑艺术的大理市喜洲白族民居，被列为全国重点文物保护单位，成为中外宾客旅游观光的重要景点。

节庆

白族节日盛会较多，据粗略统计大小节日有70多个，有全民性的节日，也有地域性、村寨性的节日。但真正有组织、规模盛大的节日并不多。其中规模盛大，远近闻名和民族特色浓郁的节日主要有过年节、三月街、绕三灵、火把节、石宝山歌会、栽秧会等。白族也仿汉俗过清明节、端阳节、中元节、中秋节、冬至节等，这些节日的活动内容与汉族大同小异。

过年节 过年，白语叫“过则汪”(guaozzerfwa)，即汉族地区的春节，有浓厚的民族特色。节日期间要举行舞龙耍狮，踩高跷，迎送本主等活动，还要演唱“大本曲”“吹吹腔”和滇戏，表演“田家乐”。怒江白族勒墨人保存有每年13个月的白族古老历法，过年时间各村寨和各家族先后不一，一般选择在白历十三月二十五日前后（相当于农历十一月），但都以龙日作为除夕，节日期间要搞卫生、祭祖先、祭门、祭柱、祭生产生活用具、祭牲畜、祭鬼魂、互相拜年、唱歌跳舞、转磨秋等。

过年耍狮舞龙，表演唐僧师徒西天取经

三月街 三月街既是白族的盛大节日和街期，又是地球上最

一年一度三月街开幕

大的街子，白语叫“上汪子”（salwazix）。三月街又名观音市，于每年农历三月十五至二十一日在大理古城西苍山中和峰脚下举行，会期7天。

传说三月街原是白族人民为纪念观音开辟大理而举行的庙会，后来演变为以物资交流为主的盛会。据白族古籍《白国因由》记载，三月街迄今已有1 300多年的历史了，被称为“千年赶一街，一街赶千年”。节日期间，云贵川藏和江南各省客商云集这里，交流各类工农业产品和生产资料，同时还举办各种赛马、射箭、文艺演出等文体活动。改革开放以来，三月街的规模不断扩大，参加的商户与中外宾客达100多万人次，商品成交额和经贸合作成交

三月街赛马

额已达数10亿元。1991年，大理白族自治州人大常委会通过立法，把三月街定名为“大理白族自治州三月街民族节”。古时候，前来赶街的有江南13省与缅甸等邻国的商人。现在来赶街的客商已经扩大到全国各地和世界上的许多国家和地区，东南亚、南亚国家的商人更是随处可见。

类似的贸易集会还有洱源县八月鱼潭会、鹤庆县七月松桂骡马会和剑川县八月骡马会，但规模比三月街小。

绕三灵　绕三灵白语叫“观上南”（guerxsalnad），被列入国家首批非物质文化遗产保护名录，于每年农历四月二十三至二十五日在大理市举行。由于谈情说爱，寻找情侣是绕三灵盛会的主要内容之一，所以，有人将绕三灵称为白族的“情人节”“狂欢节”。其起源有多种说法，多数学者认为起源于原始社会的“社祭”，早期的主要内容是男女之间寻找情侣的社交活动，随着时间的推移，又加进了本主崇拜、祈雨等内容，最终发展成为以歌舞游乐、男女社交、拜本主、天旱时外加祈雨等为形式和内容的盛会。会期，成千上万的男女身穿节日盛装，以村为单位，在两位手持杨柳枝的男女引导下，吹着唢呐，敲着锣鼓，打着霸王鞭，载歌载舞，循苍山之麓来到五台峰下的“神都”，朝拜本主“中央皇帝”，祈求风调雨顺，人寿年丰，然后在本主庙四周的草皮上和树林里通宵达旦地对歌（主要是情歌）跳舞。第二天经喜

国家首批非物质文化遗产保护名录——白族绕三灵

欢乐对歌

▲

各地白族以村为单位，载歌载舞前来绕三灵

洲街转到洱海边的河矣城本主庙，朝拜本主“洱河灵帝”。第三天再转到马久邑，朝拜本主“保安景帝”，祭祀、娱乐后，各自散去。节日三天，整个苍山洱海之间昼夜沉浸在人如流，歌如潮的欢乐气氛中。清代段位写了一首《绕三灵竹枝词》：“金钱鼓子霸王鞭，双手推敲臂转旋。最是小姑歌白调，声声唱入有情天。”

火把节　火把节白语叫“付旺勿”（fvwavd），是白族全民性的传统盛大节日，绝大多数白族地区都在每年农历六月二十五日过节，少数地区在二十四日过节。据古文献记载，火把节在古时候叫作星回节，过节日期也是在农历六月二十四日或二十五日两种。许多学者认为，火把节源于古代先民的火崇拜。是彝族、白族、纳西族、拉祜族、哈尼族、基诺族、普米族等民族的共同传统节日。

大火把点燃了 ▶

一年一度火把节是白族人民传统的盛大节日

过节的方式与日期各个民族有一定的差别。白族过火把节时，每个村子都竖一个大火把，高四五丈，圆周一丈余，上插红、黄、绿等彩色小旗，并系以火把果、梨、花红等水果，顶端扎一个三级彩色升斗，上书“国泰民安”“五谷丰登”“人畜平安”“一年清吉”等吉祥大字。每个家庭都备有小火把，晚上，当大火把烧到一半的时候，人们纷纷点上小火把，撒松香互燎“晦气”祝福，然后绕行田间，扑灭害虫，驱逐邪恶。

石宝山歌会 石宝山歌会是白族的传统对歌盛会。被列入第二批国家非物质文化遗产保护名录。每年农历七月末三天在剑川县石宝山举行。届时，附近各县白族数万人身穿节日盛装，一路弹着三弦，唱着白族调，汇集石宝山的石钟寺、宝相寺、海云居、金顶寺，漫山遍野，结对赛歌。方圆十多里的山间小道上，如怨如诉的龙头三弦声，悠扬婉转的白族调声此起彼伏，连日昼夜在山谷林莽之间回荡。对歌一般沿用传统曲调，歌词多是借题发挥，随口而出。所唱歌曲主要是情歌，也有比富贵、比本领，倾诉老友离情别怨，歌颂幸福生活和美好风光的歌曲。若遇高手相逢，往往对唱几天几夜。不少人通过对歌相互了解，产生感情而结为终

成千上万来参加石宝山歌会的群众

身伴侣。找情人，找伴侣也是石宝山歌会的重要内容。

2012年，剑川县利用石宝山歌会的民族文化品牌，由县政府组织，举办了首届剑川白族文化节，除了传统对歌活动外，还举办了“石宝山杯”传统白曲龙头三弦大赛、群众文艺展演、国家级非物质文化遗产传承项目白曲三弦传唱、剑川洞经古乐演奏、剑川风光民俗摄影展、剑川题材电影展映、焰火燃放、石宝山国家4A级景区挂牌仪式、旅游宣传推介等活动，使石宝山歌会的活动更加丰富多彩。

▲

竖秧旗

栽秧会 栽秧会是在栽插水稻最忙的芒种到夏至时节组织的一种与生产结合，以加快插秧进度为目的的娱乐活动，起到临时性的劳动互助组织作用。一般二三十户或以村为单位自愿组成，推举一位组织能力强、威望高的老农为“秧官”，领导栽插。栽秧第一天要举行“开秧门”仪式。清晨，人们扛着用犬牙形白布镶边、装饰彩色升斗的红色或蓝色“秧旗”，吹奏着唢呐，敲着锣鼓，来到田间，插好秧旗，摆上祝愿丰收的果酒，边分食果酒，边唱祈祷丰收的调子，然后在秧官的分工指挥下开始栽秧。

开秧门

▼

争先恐后插秧大比赛

秧旗下有一支四五人组成的乐队，乐器以唢呐为主，配以铓锣。吹奏《栽秧调》《蜜蜂过江》《大摆队伍》《龙上天》《过山情》等唢呐曲调，有时还推荐能说会唱的人讲民间故事和唱几首曲子。秧官敲着铓锣，穿梭于栽秧队伍中频频催栽，检查质量。栽秧的人就在音乐伴奏下你追我赶，欢快而紧张地竞赛起来。栽秧结束要举行“关秧门”仪式，也称“谢水”，即祭祀感谢水神，祈求水神保佑丰收。最后举行“田家乐”活动。人们扛着秧旗，簇拥着打扮得滑稽的秧官，骑马在村中游行。后面跟着化装成渔、樵、耕、读等角色和打霸王鞭的队伍，在村里表演节目，演员与观众融为一体，使整个活动充满了喜庆欢快的节日气氛。

秧官敲锣催插秧

礼仪与禁忌

礼仪

待客礼仪 白族人家以热情好客而闻名。当客人跨进家门时，每一户普通人家不管男女老少均会起身热情相迎，客人刚一落座，主人就会双手奉上香喷喷的烤茶，递烟、递水果、瓜子。家中如有核桃、板栗、蜂蜜等土特产，也会尽其所有拿出来招待。待客吃饭，要把客人安排在上座，并尽力将饭菜搞得丰盛味美。一些贫困山区的群众，平时多食杂粮野菜，但一般都要想法备上一袋好米，用以招待客人。“省嘴待客”是白族人待客的信条和传统美德。

三道茶

敬“三道茶”是白族的一种重要待客礼仪，常用于接待尊贵的宾客。头道茶是清苦茶，第二道茶加核桃仁片、红糖、烤乳扇丝、爆米花等，第三道茶加花椒、生姜、桂皮、蜂蜜等。三道茶先苦、后甜、三回味，寓含着对人生历程的生活哲理。饮后令人身心舒展，口角留味，倍感白族人民的热情友好。随着旅游业的发展，敬“三道茶”歌舞表演，成了向中外游客展示白族风情的重要节目和独具民族特色的隆重迎宾礼仪。

白族人敬茶一般只倒半杯，敬酒则需满杯。俗话说：“酒满敬人，茶满欺人 。”敬茶敬酒，多举杯齐眉，然后才双手递给客人，以示对客人的尊重。

起居礼仪 白族儿童从小就受到尊老爱幼、热情待人的家庭教育，老人和客人不论走到哪里都会受到尊重与热情接待。小辈

平常日子客人来了，献上一杯香喷喷的热茶

见了长辈要主动打招呼问候、让道、让座、端茶、递烟。春节早上小孩子要给本家族和外公家的长辈拜年，祝贺他们新年快乐，健康长寿；老人给小孩压岁钱和节日小礼物，祝他们节日愉快，学业长进，健康成长。无论哪家结婚办喜事，凡本村60岁以上的老人均被请来吃“开席饭”，经他们开席后才招待其他客人。请客吃饭要先请老人坐上席。客人多时，分长幼顺序入座，并由老人先动筷子，其他人才能跟着吃。

禁忌

中华人民共和国成立以前，由于封建迷信和落后意识，白族的禁忌很多，各地又有一定差异，主要禁忌有以下几个方面。

起居禁忌　小辈在父母长辈面前禁说脏话，小辈与长辈在一起要姿态端庄，不准跷二郎腿。否则被斥为没家教，不懂规矩礼貌。儿媳妇不能和公婆并排坐一条长凳。妇女不能从铁三脚架、男人的衣服和使用的工具等东西上跨过，不能坐在门槛上，更不能脚踏门槛。妇女的裤子、围裙不能晾晒在显眼的地方，尤其不能晒在人们有可能从下面经过的铁丝或绳子上。山区家庭成员在火塘边各有固定的座位，男长辈坐左上方，女长辈坐右上方，晚辈和小孩只能在下方和左方，不能随便坐在长辈的位置上。建房动土、上大梁要择吉日，忌与家庭成员的属相相克的日子，忌别人家的屋脊正对自家的房子。

生产禁忌 不少白族地区每月初一、十五，火把节的第二天，小暑、大暑、处暑、立秋，都不能下地劳动。怒江傈僳族自治州的勒墨人在人死的当天、月圆的第二天及月缺之日也不能生产，否则认为会惊动地脉龙神，使庄稼长得不好。

结婚禁忌 许多地区结婚要合“八字”，相信属相相生相克，属相相克者不能结婚。剑川地区举行婚礼要看是否有“白虎压房”或“白虎压床”，若有，必须另测吉日。那马人和勒墨人有男忌九、女忌七的习俗，即男逢19岁，女逢17岁不能结婚，只能提前或推后一年举行。还有结婚的日子必须逢双，忌单日，并要回避与结婚双方属相相克的日子。勒墨人结婚前一天，要看云彩移动的方向，结婚当天，新娘向新郎家走时必须顺着云彩移动的方向去夫家，若背云而行，意即进了虎口。

丧葬禁忌 丧葬要查是否犯重丧，若犯认为会再死人，须挂一块红绸在中堂，在灵柩头上吊死一只小公鸡，并做一个笋叶小棺，里面放一面制小人，起灵后，先将小鸡和小棺埋在必经之路的中央，抬棺材经过上面才能上山。起灵和下葬都要看时辰，认为时辰不吉会着黑煞偷尸。棺材的方向不能对着山箐，认为对着了，坟墓里会出黑水。守孝期间孝子不能理发和梳妆打扮，不能到娱乐场所，更不能去唱歌跳舞，否则就会被认为没有孝心。孝眷不能到别人家里，认为带孝到别人家里，会给人家带来不顺。死在外地的人，不能抬回村子里，只能搭个临时棚子停柩在村口，供亲友凭吊，怕把煞气带到村里，使全村不得安宁。

生育禁忌 生小孩要请算命先生排八字，若小孩的八字与父母相冲，须请他人取名。孕妇不能进入产妇的家门，否则认为孕妇会把产妇的奶踩干，新生儿会无奶吃。大理、剑川一带，小孩出生后，第一个人进房时，主人要请他吃一碗鸡蛋汤圆，来人若不吃，就认为所生孩子将来也会空手来空手去，主人会生气；若吃了，则认为孩子将来能得温饱，表示来也饱去也饱。产妇在一个月内不能进入他人房舍和厨房，否则认为会给他人带去不吉利

白族在生育后要在门口挂一个瓶子（生男孩）或一个甑巴底（生女孩）

或冒犯灶君老爷。产妇在产褥期若要出门，必须戴笠帽，不能让太阳照着头顶，以免冒犯太阳。

其他禁忌　大理白族正月初一不能动刀、泼水、扫地，否则认为会破财。农历七月半送祖，不能出远门，否则认为会路遇鬼神而不吉利。妇女大年初一早上不能出门，据说过年一早碰上妇女不吉利。元江县的白族每年的三月会或天子庙会期间，禁止杀生。怒江白族大年三十晚饭前祭祖时，要念祖先大名，请历代祖先回家过年，忌讳外人在场。认为外人在场，他的魂会和主人家所念祖先的魂混在一起，他的寿命必然不长，因此，无人敢在这个时候到别人家去。大年三十，要把借给别人的东西要回来，不要回来就等于折财，意味着来年找钱不顺，粮食不丰收。因而借了别人家的东西，必须在大年三十之前还给别人。外出做生意和赶马帮的人忌说涉及豺、狼、虎、豹等字眼。山区禁止砍伐山神树、祭天和祭鬼的神树。山区白族人家的火塘是个神圣的地方，忌讳向火塘内吐口水，禁止从火塘上跨过。

中华人民共和国成立后，随着全民科学知识水平的提高，许多禁忌已被破除。

崇聖寺

第七章 宗教信仰

白族的宗教信仰主要有本主崇拜、佛教、道教和原始宗教信仰等几种。19世纪以后，基督教传入白族地区，也有极少数人信仰。

本主崇拜

本主崇拜是白族独有的一种宗教信仰，又称为本主教。本主又叫本主神，清嘉庆以前多称为“土主”，或直接纪录本主的尊号，白语称为“武增”（vxzex，汉语意为本主），又多称“老谷”（laozguf，汉语意为男性始祖）、“老太”（laoztail，汉语意为女性始祖），各地还有“武增尼”（vxzexnid，尼，汉语意为“位”，是尊称，即一位本主）“增尼”（zexnid 汉语意为主人）“东波”（doufbaof，汉语意为祖宗）等称呼。本主有“景帝”“皇帝”“灵帝”“圣母”等多种封号。从白族人意识中所认定的本主的社会功能来看，本主就是村社保护神，是掌管本地区、本村寨居民的生死祸福之神。

白族人民认为本主能护国佑民，保佑人们清吉平安，风调雨顺，六畜兴旺，五谷丰登。在白族地区，每个大一点的村寨几乎都建有本主庙，庙内供奉泥塑或木雕的本主神像和其他配神。

本主崇拜源于原始社会的社神崇拜和农耕祭祀，并以此为源头，再经历了一个漫长的发展过程，逐步发展成为人为宗教性质的本主教，形成的具体时间大约是在南诏时期，并且是南诏国和大理国时期白族的一种重要宗教信仰。

下关将军洞本主庙大门

本主崇拜对象与功能

本主崇拜是一种以本主为中心的多神崇拜，各地或各村寨本主庙内都塑有本主神及其配神。为数众多的本主神大体可以分为自然本主、神灵本主、英雄本主、民间人物本主、帝王将相及祖先本主等几种类型。多数本主是白族历史上的英雄人物和南诏、大理国的帝王将相。任何本主庙都以本主为主要崇拜对象，其他配神为次要崇拜对象。各种配神有其独有的宗教功能，如子孙娘娘送子嗣，财神管发财致富，山神土地司万物生长，龙王司雨，五谷神王管粮食收成，六畜神王管六畜成长，六部判官管人间善恶的奖罚，痘神司出水痘等疾病，十殿十王管人死后的归宿等等。他们的神力是对本主神力的有效补充，两者神力相结合，起到了保佑白族人民物质生产生活正常进行与满足精神需求的作用。

信众在磕头跪拜祈求本主保佑

本主崇拜祭祀活动内容

本主祭祀活动是本主崇拜最重要的内容。祭祀本主分日常祭

本主节举办庙会接本主，通常用木轮大车拉着或用轿子抬着木雕本主，巡游村寨

祀和举办本主庙会。

日常祭祀基本上属于个人和家庭的事情，一般多在出生、嫁娶、死亡等生命关节和考学、求职、做生意、谈婚姻、求子嗣等关系人生前途的重要大事，以及遇到患病、家庭不顺、遭灾等不顺当事情的时候，前往烧香、磕头，向本主祷告所求之事及愿望，祈求得到本主保佑。民间宗教组织“莲池会”“拜佛会”等每逢初一、十五也前往本主庙念经祭祀。

本主庙会

本主庙会通常在每年的本主诞辰举行，有些地方在春节或正月初还举行一次，共有两次。庙会一般都有一套基本固定的程序，即请神、迎神、祭祀、娱神。举办本主庙会以自然村落为单位，组织者为本村经民主选举出来的会首及执事班子，或者是本村的“莲池会”“拜佛会”“洞经会”等，除本村群众参加外，其他村寨也有一定数量的人自发前往。一些规模盛大的庙会，附近各县都有人前来参加，人数多达两三万，如大理市的绕三灵朝拜本主建国皇帝，大理市双廊的红山本主庙会，大理市下关的将军洞本主庙会等。本主庙会有丰富的文体活动，有对唱白族调、打霸王鞭、舞龙耍狮、跳白鹤舞、跳牛、踩马、弹奏洞经音乐、表演田家乐、演唱吹吹腔、请戏班子唱戏等。此外，还开展不同程度的经贸活动。

接本主的队伍

本主庙建筑

白族的本主庙建筑因各地各村经济发展水平的不同，有的辉煌气派，有的比较简陋，但通常都是村里最好的建筑，是以白族民居四合院为基础，并且大量吸收了佛教寺庙和道教道观的建筑艺术风格。结构完整的本主庙一般由大殿、配殿、戏台、门楼、照壁、天井、厨房等所组成。庙前或庙里多栽一棵大青树，也就是风水树。本主庙建于村中，方便村民日常祭祀，体现了白族本主信仰的入世观念。

烧香上表祭祀本主，各有祈求

佛教

佛教的传入

白族笃信佛教，南诏国和大理国被称为“妙香佛国”。据考古发现，大理地区在东汉时期已有佛教，但影响甚微，白族先民主要是信仰巫鬼教。南诏统一云南后，与中国内地、西藏和东南亚、南亚邻国的交往日益扩大，佛教各教派不断传入南诏，经过与传统巫鬼教的斗争，最后取得主导地位，成为白族信奉的宗教。据《南诏图传》“文字卷”记载，佛教传入南诏国的路线为印度、西藏、中原三条。

根据文献和各种资料记载，南诏、大理国时期，白族所信仰的佛教有密宗阿吒力教、禅宗和华严宗，而以阿吒力教为主。今存南诏、大理国时期的佛教文物多属阿吒力教，古籍和地方志书也多记载阿吒力教的活动情况。相比之下，禅宗和华严宗的影响要小得多。

佛教的兴盛

由于南诏、大理国统治者积极提倡和带头信仰佛教，佛教大为兴盛。据《南诏野史》等史书记载：南诏王劝丰佑时期建千寻塔，铸铜佛11 400多尊，建屋890间。隆舜时“建大寺八百，谓之蓝若；小寺三千，谓之伽蓝。遍于云南境中，家知户到，皆以

大理观音塘

敬佛为首务”。大长和国国王郑买嗣篡位后，建普明寺，铸佛万尊，为杀南诏国蒙氏王族八百人送寺祈福。大理国国王段思平也是“好佛，岁岁建寺，铸佛万尊”。南诏、大理国王多封僧人为“国师”，参与政事。大理国的官吏多从佛教徒中选拔。元朝初年，官员李京被朝廷派往云南巡视后，写了一本《云南志略》的书，他在书中说，白族信仰佛教的僧人名叫师僧，师僧不出家，有家室。大理国的官吏多数是从这些师僧中选拔出来的。儿童读书，主要是读佛书。平民百姓不论贫富，家家都有佛堂，男女老少都拜佛念经，一岁之中有半年都在斋戒。由此可见，宋元时期佛教的高度兴盛。

阿吒力教的衰落

元代以后，佛教禅宗进一步传入云南，其修行方式简易速成，高僧辈出，加上得到统治者的支持，信徒迅速增多，到了明代已经极盛。仅鸡足山就建有八大寺和数十个小寺。到清代，鸡足山已发展为以祝圣寺为中心，共36寺72庵，常住僧尼5 000余人，成为中国西南和东南亚的佛教圣地之一。阿吒力教则由于僧人带头起义，反抗元、明王朝的统治，而失去统治者的支持。朱元璋在消灭了云南段氏残余势力以后，曾下令不许传播密教，使密教势力大为削弱。但因“土俗奉之，视为土教”，所以，还在府、州、县衙设有阿吒力僧纲司，加以管理。到清康熙时，阿吒力教被认为“非释非道，其术足以动众，其说足以惑人，此固盛世之乱民，王法所必禁者”。实行“抑密扬禅”，把阿吒力僧纲司从政府机构中取消，阿吒力教更加削弱。清咸丰同治年间，滇西杜文秀领导反清起义，经多年兵乱，多数寺院被毁，僧侣四处逃散，白族的佛教受到极大打击和削弱。战后虽大肆重修，但规模之盛已远不如前了。不过民间信仰却一直延续下来，主要信仰者是遍及城乡各地的“拜佛会”“莲池会”等。

大理观音塘观音阁

新中国建立后，佛教信仰在历次政治运动中受到严重冲击。“文革”以后，随着国家宗教信仰自由政策的落实，许多重要的佛寺得到修葺或重建，僧尼过上了正常的宗教生活。涉及人数众多遍及城乡各地儒、释、道、巫全信的“拜佛会”“莲池会”等民间宗教组织又大为活跃起来，每逢宗教节日庙会，他们都去庆祝念经，场面之盛，蔚为奇观。由此可见，佛教至今在白族社会中仍有相当广泛的影响。崇圣寺、鸡足山祝圣寺、观音塘等一批著名寺庙被修葺一新，早已成为闻名遐迩的旅游胜地。

知识链接 **观音负石阻兵的故事** 古时候敌兵侵犯大理，观音变化成为一位白族老太太，用稻草绳子背了一块大石头走在敌兵入侵的路上，敌兵看见后大为惊讶，忙问，老人家怎么会背得动这么大的一块石头，要背石头去干什么？观音回答道，背石头是为了回家盖房子，我年纪大了，只能背个小的，年轻人背的石头比我背的这个大多了。敌兵听后吓得魂飞魄散，马上掉头逃走了。为了纪念观音拯救白族人民免遭战火，人们就在观音负石阻兵的地方盖了这座观音阁。据说，观音阁下面的这块巨石就是当年观音用于阻兵的原石。

道教

道教传入

道教产生于东汉中叶，传入云南的时间难以确定。东汉顺帝年间（126—144），五斗米道创立者张陵设二十四治，其中蒙秦治设在滇东北和滇西部分地区，这些地区分布着彝、白、纳西等族先民，由此估计道教在当时可能已传入白族地区。立于公元458年的《爨龙颜碑》，碑文有道家思想的明显影响。到了南诏前期，道教的流传和影响已相当深远。《南诏德化碑》一开头就从道家阴阳有序的观念出发，阐述了南诏立国的合理性与必然性，碑文不仅明确写道："阐三教，宾四门"，三教即儒教、道教、佛教，而且充满道家哲理的词句。唐德宗贞元十年（794），南诏王异牟寻与唐朝使臣崔佐时在大理的苍山神祠举行了历史上著名的"苍山会盟"，采用的就是天师道以天、地、水三官为中心的仪式。南诏后期，佛教占了主导地位，南诏王劝丰佑崇佛废道，道教受到排挤。元

巍宝山圆明阁

知识链接 **巍宝山朝天门** 巍宝山为中国的13座道教名山之一，是大理地区最著名的道教名山和道教发源地。传说始于汉代，兴盛于南诏时期。鼎盛时期，建有20多座道观殿宇，多达上百道人。主要建筑有甘露亭、报恩殿、巡山殿、文昌宫、老君殿、玉皇阁、三皇殿、魁星阁、三清殿、三公主殿、青霞观、灵官殿、斗姥阁、含真楼、圆明阁等。巍宝山植被良好，风景优美，是大理地区旅游胜地之一。

巍宝山朝天门

代，道教中的全真派传入。明清时期，白族地区普遍建有城隍庙、老君殿、关圣庙、文昌宫、玉皇阁、三官庙、斗姆阁等道观庙宇。府、州、县衙设有道纪司、道会司等道教管理机构。

道教活动

据《大理县志稿》记载：“境内道教有清虚、火居二种。”清虚道出家；火居道从俗，与常人无异，只是有人请时持法器念经，做道场，赚点钱养家。据1935年的调查，白族聚居的云龙县共有道观16座。大理一带做道场仍很流行，正月十六“送龙船”是最隆重的道教“打清醮”活动，要做道场3天。从民间信仰来看，许多白族人家或供奉太上老君像，或贴挂“天地君师亲位”。大年初一，头一件事便是“请天地”和到龙潭处“请水”。六月朔日至六日礼南斗，九月朔日至十九日朝北斗。人死或建房，多请白语称为“高功”（gaofguf）的火居道士做斋念经。民间宗教组织“洞经会”“拜佛会”等多在玉皇、老君、关圣、文昌等道教神祇诞辰时做会庆祝。

现在白族地区只剩过去遗留下来的少量道观，清虚派道士基本没有了，火居道士也为数不多。道教除在“洞经会”“拜佛会”的活动中有一定保留外，逐步融合到民俗中去了。

自然崇拜

白族人民还崇拜天、地、山、水等自然神灵，盖有山神、土地、龙王庙，许多自然崇拜祭祀活动还延续至今。怒江地区的白族，因受自然环境的严重限制，社会发展水平很低，鬼魂崇拜盛行，所祭鬼神有数十种之多。

白族渔民老太太祭海

第八章
灿烂文化

白族文化发达，远在春秋战国时期就创造了灿烂的青铜文化，唐代白族诗人的诗作被收入《全唐诗》。白族的民间文学、音乐歌舞丰富多彩，建筑、雕刻、绘画艺术独具一格，闻名遐迩。

语言文字

白语使用

白族语言属汉藏语系藏缅语族，语支未定，一说为彝语支，一说为白语支。白语有方言三种：大理（南部）方言，包括大理、祥云两个土语，使用人口有80多万；剑川（中部）方言，包括剑川、鹤庆两个土语，使用人口有40多万；碧江（北部）方言，包括那马语和勒墨语两个土语，使用人口约有7万。湖南白族只保留有少量白语。贵州、四川白族的白语已经丧失。

白文创制

白族学习汉文化的历史十分悠久，历史上白、汉两族人民经济文化交往非常密切，先后有大量汉族融合到白族当中，因而白语词汇中有近60%的词汇为各个历史时期的汉语借词，许多白族人通晓汉语。唐宋时代，白族曾借用汉字创制了古白文，亦称“僰文”。古白文是借用汉字，再加上一些增删汉字笔画所新创的“白字”组合而成的一种文字，造字方法类似日本文字，创制时间也大约与日本相同，读音用白族语，所以又称汉字白读。古白文在唐代，曾经在一定范围内使用，元明以后，由于中央王朝政

学前班使用的白文教材

云南省教育厅组织编写的白文学前教材与小学统编教材

府和云南地方统治者在白族地区推行汉文化教育，并强制改革所谓“蛮风夷俗”，古白文夭折。现保存下来的古白文有：南诏白文有字瓦、一些白文碑刻和大理国写本佛经中几千个字的白文旁注和疏记，还有民间一直流传至今的白祭文和大本曲曲本所用文字可能就是古白文的延续。

1957年，中国少数民族语言调查第三工作队组织了以白族语言学家为骨干的白语调查组，到大理白族自治州进行了半年左右的白语调查，基本上摸清了白族方言土语的情况，根据白族人民的意愿，设计了一套拉丁字母《白族文字方案（草案）》，并在1958年召开的第二次全国少数民族语文科学讨论会上获得通过。但由于受民族融合风和民族文字无用论的影响，没有试行。1982年至1993年，白文专家对1958年的《白族文字方案》进行了较大的修订和改进，新修订的《白族文字方案》有23个声母，37个韵母，8个调号，其中一个为省标调。该文字方案以一套方案拼写南部和中部两种方言，较为妥善地解决了南部和中部方言差别的问题，是一套比较科学的文字方案。1993年6月16日至18日，在昆明召开的白族语言文字科学讨论会上，该文字方案获得通过。多年来，一直处于试行阶段。有关部门编辑出版过一些白文书籍，云南省教育厅组织专家将小学语文一至四年级全国统编教材翻译为汉文与民族语文对照教材，由云南民族出版社出版，其中有拉丁字母白文的“白汉对照”教材。

山花碑拓片

明代白族文人杨黼撰写的《词记山花·咏苍洱境》碑文，简称白文山花碑。《明史·隐逸传》立有《杨黼传》。

现引《词记山花·咏苍洱境》碑文的第一段作为字样，并作对应的拉丁字母新白文和汉文翻译，作为供读者了解白文的大概情况。

《词记山花·咏苍洱境》	新白文	汉译
苍洱境锵翫不饱	Coul ert jex ded wid bet bux	苍洱景致观不足
造化工迹在阿物	Caol hual gu jif zex at vx	造化工迹万千处
南北金锁把天关	Nad be jif sox bax heil guerf	南北金锁据天险
镇青龙白虎	Zep qerl nvd ber hux	镇青龙白虎

知识链接 **白文《本主祭文》** 用白文（可能是古白文在民间延续下来的文字）写成，用汉语念不通，而用白语念，就会朗朗上口，明白晓畅。现将汉语意思翻译于下：

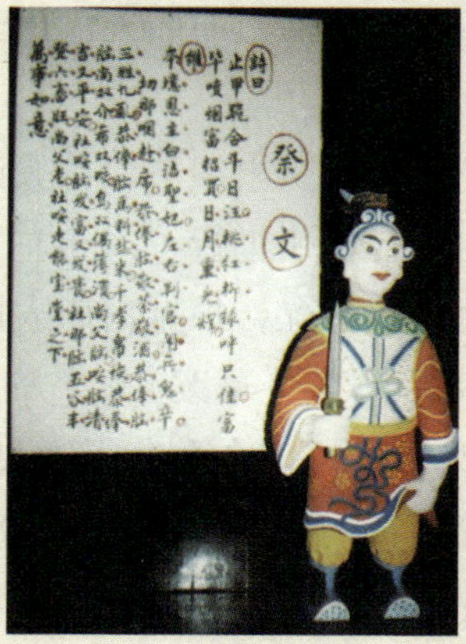

白文祭文

诗曰：跪拜时间在二月，桃红柳绿好时节，春风吹来春鸟叫，日月重光辉。

维

本境恩主白洁圣妃、左右判官、阴兵鬼卒，请你们来赴宴。敬祀你，敬茶敬酒，三牲九礼；敬祀你，马料盐米，千香百火；敬祀你，三岁鸡，四岁羊，五岁大公牛。祈求你，赐我们清吉平安，赐我们发富发贵，赐我们五谷丰登，六畜兴旺。祈求你，让我们到你的宝堂之下，万事如意。

文学与艺术

文学

白族文学分为民间文学和作家文学。

民间文学 白族民间文学丰富多彩，大体可以分为神话、传

◀ 气势磅礴的白族三弦大合唱

说、故事、民歌、民谣、谚语、谜语、童话等几大类。其中著名的作品有《创世纪》《放羊歌》《点蔬菜》《开天辟地》《九隆神话》《杜朝选》《段赤城》《望夫云》《火烧松明楼》《大黑天神》《青姑娘》等，这些作品叙述了人类和氏族的起源，充分反映了各个历史时期白族的社会生活，白族人民的爱憎与理想追求。题材广泛，内容丰富，情节曲折，人物形象鲜明。已出版的《白族民间传说故事集》《白族民歌选》《白族文学史》《白族民间叙事诗集》《白族神话民间传说故事集成》《龙神话传说》等，比较系统地搜集、整理和研究了白族民间文学情况。

作家文学　白族的作家文学始于何时尚待考证。到了南诏时期，白族作家文学已经取得了很高成就，出现了异牟寻、寻阁劝、赵叔达、杨奇鲲、董成、段义宗等一批精通汉文化的著名文人，他们所做的《星回节游避风台与清平官赋》《星回节避风台骠信命赋》《途中诗》《思乡作》《题大慈寺芍药》《听妓洞云歌》等，被称为“高手”的“佳作”，载入《全唐诗》，流传内地。《南诏德化碑》《异牟寻与韦皋书》等都是辞藻焕然的优秀散文代表作。明代的杨黼、杨士云、李元阳，清代的师范、王崧，近代的赵藩、周钟岳、赵式铭都是白族历史上的著名文人，都有丰富的著作诗文传世。下面录两首南诏宰相兼诗人杨奇鲲、董成的诗作，以飨读者。

部分白族文学图书

杨奇鲲《途中诗》载《全唐诗》卷七百三十二：

□□□□□□□，□□□□□□□。风里浪花吹更白，雨中山色洗还青。海鸥聚处窗前见，林狖啼时枕上听。此际自然无限趣，王程不敢暂留停。

董成《思乡作》载《全唐诗》卷七百三十二：

泸北行人绝，云南信未还。庭前花不扫，门外柳谁攀。坐久销银烛，愁多减玉颜。悬心秋夜月，万里照关山。

新中国成立后，白族的作家文学更加繁荣，大批文学新人茁壮成长。其中全国著名的作家诗人有杨明、张文勋、晓雪、杨苏、张长、那家伦等人，他们发表了大量的小说、诗歌、散文，出版了各种文集。白族著名作家、编剧景宜发表了多部小说和剧本，其中大型民族历史题材电视连续剧《金凤花开》2009年12月2日起在中央电视台一套黄金时段播出，成为近年来优秀电视剧中的扛鼎之作。大理白族自治州主办的《大理文化》《大理日报》和全国许多刊物都发表了众多白族作者的作品，数量不胜记录。

昆明东寺塔

艺术

建筑 白族人民在建筑、雕刻、绘画等方面有着卓越的才能。建于南诏、大理国时期的大理崇圣寺三塔、弘圣寺塔、蛇骨塔，昆明东寺塔、西寺塔等著名古塔，虽经千年风雨剥蚀和地震摇撼，至今仍巍然屹立。史书记载，南诏时期的宫廷建筑“重屋制如蛛网，架空无柱”。“五华楼高百尺，上可容万人”。可见远在唐代，白族的建筑艺术水平已相当高超。白族的民居建筑也非常富有艺术特色，讲究雕刻装饰，舒适美观。

雕刻 白族的雕刻艺术有石雕和木雕。南诏、大理国时期开凿的石钟山石窟就是白族石雕艺术的典型代表，被列为全国重点文物保护单位。大理石石雕工艺品种类繁多，深受人们喜爱。白族的木雕艺术也很有名，从出土的南诏大理国时期的木雕佛像来看，雕刻工艺已相当精巧。现在白族的木雕主要是民居格子门和门楼的飞檐斗拱，公园和寺庙亭台楼阁上的龙凤、花鸟、山水图案，以及雕花家具等。尤其是剑川木雕工艺十分精湛，被文化部命名为木雕艺术之乡。

木雕罗汉群像

剑川石雕也相当出名，最典型者莫过于千狮山。该山位于剑川县城西部1.5公里，是国家AAA级旅游景区，剑川石匠依据山上各种岩石大小与形状的不同特点，雕刻成不同的狮子，共雕塑石狮2 600只。这些石狮或倚岩而凿，或跃于千仞石壁，或立于路旁迎客，千姿百态，栩栩如生，集中展现了我国魏、晋、南北朝、隋、唐、宋、元、明、清多个朝代石雕狮子的艺术风格，十分壮观。山顶雕塑一尊高25米、长1.5米、宽1.2米的狮王，这尊世界上最大的石狮王，霸气十足，居高临下，尽显气吞山河，统帅千狮之势，真乃世界奇观。千狮山简直就是一座群狮大观园，山上古木苍翠繁茂，许多寺观庙宇掩映其间。亲爱的读者，请您一定要抽出时间到千狮山一游，到

剑川县甸南镇狮河木雕村

剑川县千狮山山门

时您就会顿感："豪气生万丈，潇洒乐开怀！"

绘画 白族的绘画艺术水平也很高。张顺、王奉宗《南诏中心国史画卷》和张盛温《大理国梵画长卷》，以南诏始祖发祥神话和佛教故事为题材，生动地再现了南诏、大理国的社会风貌。

白族刺绣

这两幅巨制结构严谨，造型精巧，线条流畅，色彩夺目，被誉为"天南瑰宝"，驰名海内外。白族的壁画也很有特色，民居建筑多绘壁画装饰，寺庙中普遍绘有精美的壁画。现存明代剑川兴教寺壁画就是其中的佼佼者，堪称我国古代佛教艺术珍品。

此外，白族妇女还擅长挑花刺绣，所绣枕套、围腰、裹背、鞋子等都有较高的艺术水平。

音乐、舞蹈与戏剧

音乐

白族人民能歌善舞，是我国最早使用铜鼓作乐器的民族之一。《南诏奉圣乐》传入中原，被列为唐朝宫廷十四部乐曲之一。白族的民间乐器吹奏乐、打击乐和管弦乐一应俱全，主要有唢呐、三弦、哑胡等。白族民歌可分为长歌和短歌两大类，句式多为"三七一五"，即前三句七字，第四句五字，格律为"高低律"。长歌又称为"大本曲"或"本子曲"，通常由一人说唱，一人操三弦伴奏，是白族民间曲艺中的一个主要曲种。每逢节日盛会和农闲季节，多请唱曲师傅来演唱，村里搭起戏台，连续演唱几天。家里逢生日、建房等喜庆之事，也常请艺人演唱。

大本曲 曲体早在一千多年前就有记录，大约在明代成为一种曲艺，现已发展成一种较完整的说唱艺术。大本曲的音乐有"三腔、九板、十八调（北腔派为十三调）"。韵式分为"花上花、油鲁油、捞里捞、翠茵茵"四大韵，四韵之下又分若干小

大理洞经音乐演奏

韵。大本曲的传统曲目经中华人民共和国成立后搜集整理，共获116个，现在能够找到或艺人能够记述的本子有80多本。

短歌 习惯称为“白族调”，是白族民歌的主体，可即兴创作对歌，在民间最为普及，为白族人民喜闻乐见。

“洞经音乐” 白族地区广泛流传的“洞经音乐”，一般认为源于内地，传入白族地区的时间有唐代和明代两种说法。从保留的曲牌来看，系唐宋古乐。洞经音乐曲牌乐调极多，仅大理市搜集到的曲目就达500余首。民间“洞经会”组织常在民俗节日期间演奏洞经音乐，深受群众欢迎。

舞蹈

白族的民间舞蹈也很丰富，古代白族人民就创造了融诗词歌舞为一体的“打歌”。民间的基本舞蹈是“霸王鞭舞”“八角鼓舞”，此外，还有祭祀性舞蹈“羊皮鼓舞”“手巾舞”“耍花舞”“灯盏舞”和模

白族霸王鞭舞

拟动物的舞蹈“龙舞”“狮舞”“马舞”“牛舞”“凤凰舞”“白鹤舞”，以及刀、矛、棍等兵器舞等等。这些舞蹈多在年节期间表演。

戏剧

白族戏剧又简称白剧，是在白族吹吹腔剧和大本曲结合的基础上发展而来的剧种，吹吹腔剧大约有500年的历史。定名为白剧是在中华人民共和国成立后。白剧分生、旦、净、丑四大行，又根据年龄、身份、性格等细分为十六行，并有与古典戏曲大体相同的脸谱。唱腔约有30多种，目前能列出的剧目有300多本，其中传统剧目有《血汗衫》《火烧松明楼》《牟伽陀开辟鹤庆》等100多个，同时还有根据汉族历史故事如《三国》《水浒》《梁山伯与祝英台》等改编的剧目。以唢呐、小鼓、板鼓、大鼓、大钹、小钹、大锣、小锣、梆子、交板等伴奏。唱词为白族传统的“三七一五”的格式。歌舞结合，具有高亢激越、热情欢畅的特色。

白族著名歌唱家、电影《五朵金花》的主唱赵履珠将白族调唱遍大江南北，被称为“舞神”的杨丽萍创作并亲自演出的孔雀舞和原生态舞风靡全球，吸引了众多粉丝，深受国内外观众的热捧。

白族金花
西洋乐队

扎染与银制工艺

白族手工业技艺发达，不仅满足本民族的需要，而且将手工艺品进行市场销售，历史上许多白族手工艺人挑着风箱、带着工具，前往本省各地和邻省乃至东南亚邻国谋生，加工各种手工艺品，一些手工艺人还在生意多的地区开设加工作坊。清朝时期，白族地区形成了许多制作特色手工艺品的村寨，如大理石加工村、石匠村、皮匠村、制毡村、扎染村、烧砖瓦村、篾匠村、铜匠村、银匠村等等。随着近现代机器工业的发展，绝大多数传统手工业逐步退出了历史舞台。

随着20世纪80年代改革开放，一些传统工艺以其独特价值复兴，尤其是国家提倡大力保护非物质文化遗产以后，一些著名的工艺美术村寨被国家命名为“中国民间艺术之乡”，著名工匠被授予工艺美术大师称号。大理白族地区被国家列为非物质文化遗产的工艺，最著名的是扎染与银制工艺。

银制品销售大厅

扎染

扎染是白族的一种著名的传统手工艺品，其起源历史不详，有的学者认为，东汉时期白族先民就掌握了印染技术，唐宋时期，扎染产品已在宫廷和民间大量使用。扎染是以白布为原料，用线扎缝各种花形图案，用靛蓝多次浸染而成的一种特色工艺品。由于扎缝部分在染色时不能正常渗透，因此，染色后图案就成为青里带翠，蓝白相间，

扎染新产品加工制作

知识链接 **扎染之乡——周城村** 位于著名风景区蝴蝶泉边的周城村，是白族人口最多的自然村，有1万多人，村中的白族妇女擅长扎染和刺绣，几乎“家家有染缸、户户做扎染”，白族扎染主要就出自这个村子，因而该村被文化部命名为扎染之乡。亲爱的读者，如果您哪一天到大理旅游，务必请您到周城，参观白族扎染制作加工，购买自己心仪的扎染产品外，还可以饱览蝴蝶泉风光，最后还能够品尝地道的白族风味美食。

色晕深浅不同的花纹，具有其他印染方法不能达到的效果。工艺上分设计、上稿、扎缝、浸染、拆线、漂洗、整检等数道工序。扎染花色图案取材十分广泛，千姿百态。以多彩云浪花、花鸟鱼虫、飞禽走兽、神话人物等成为扎花图案。新中国成立以后，通过不断改进工艺，更新花色品种，现已有18种花型，24种针法，400多个图案，产品有头巾、手帕、床单、桌布、门帘、沙发布、帽子、流行时装等50多种。畅销北京、上海、天津、成都等地，多数产品出口到日本、美国、澳大利亚、东南亚和中国香港等10多个国家和地区。随着到大理旅游人数年年攀升和国内外市场需求的日益扩大，扎染的图案与品种也越来越复杂和多样化，以满足人们不同的爱好和需求。

银制工艺

“艺开南诏传千载，誉满中华第一家。”这是有人盛赞新华村银匠高超技艺和悠久历史所撰写的对联。新华村是大理白族自治州鹤庆县遐迩闻名的白族工匠村。该村位于鹤庆县城西北7公里处，距丽江机场12公里，山清水秀，被称为银都水乡。新华村原名石寨子，1958

新华村 ▶

新华村白族姑娘正在制作银器

年“大跃进”时期改为今名。有1 100多户，5 700多人口，这里的白族村民家家开作坊，人人会手艺，世世代代以务农和制作银铜手工艺品为生。

“小锤敲过一千年”，早在一千多年前的南诏国时期，新华村的先辈们就以从事银铜工艺品为生，走南闯北，世代相传。沿着茶马古道把自己精心制作的产品销售到各地，或者挑着风箱，带着工具到各地为各族人民制作日常的生活用品与喜爱的各种各样的金银首饰。云南各地汉、藏、彝、傣、景颇、阿昌、纳西、哈尼、苗、瑶等民族喜爱的金银首饰大多是白族工匠制作的。我国藏族地区的喇嘛寺金光闪亮的装饰、寺庙里的佛像、法器等宗教用品许多也是白族工匠加工制作的。民间传说，藏族格萨尔王曾要求藏族佩刀要用石寨子工匠制作的刀鞘。一把刀鞘无声传诵着白、藏两个民族千百年来的友谊。据报道，上千名新华村银匠远赴西藏的拉萨、日喀则、昌都、那曲和许多市镇开银匠作坊，古城拉萨八廓街因新华村匠人聚集而形成了集加工销售为一体的银匠商铺一条街，被称为

精美的银制酒壶及酒杯

精美的银制酒壶及杯子

“白族银匠村”。他们制作的金银铜工艺品有近百种类上千种式样，不仅在国内的甘肃、青海、新疆、内蒙古、湖南、四川、贵州等省区销售，还远销美国、日本、尼泊尔、印度和东南亚邻国。

白族银匠的技艺千百年来都是以师徒方式传承，其高超的技艺主要来自于工匠们的刻苦钻研和创新，以及虚心向其他民族的手工艺人学习，不断丰富提高自己的技能。各民族群众对金银制品花色品种的不同需求，成了白族银匠技艺永不枯竭的源泉。

新华村手艺超群的银匠寸发标、母炳林、董中豪、洪钰昌等17位国家和省级的民间工艺美术大师、高级工艺美术师和工艺美术师，展示了新华村银器的高超制作水平。他们中有的人还被云南大学、云南民族大学、云南艺术学院、大理学院等高校特聘为客座教授，传统民间手工艺登上了高校的大雅之堂。

2000年，新华村分别被文化部和中国村社发展促进会命名

知识链接 **寸发标** 民间工艺美术大师寸发标，由于杰出的技艺与非凡的创新能力，2004年4月，被联合国教科文组织授予“民间工艺美术大师”的称号，成为云南省荣膺该称号的第一人。他制作的“布达拉宫”工艺品，被西藏自治区领导选中作为赠送国际友人及贵宾的礼品。他创造性地设计并亲手制作的九龙壶、九龙火锅、九龙桶等系列产品，获得国家专利，产品销售到美洲、东南亚等10多个国家和地区。是众多收藏家争相收藏的艺术精品。

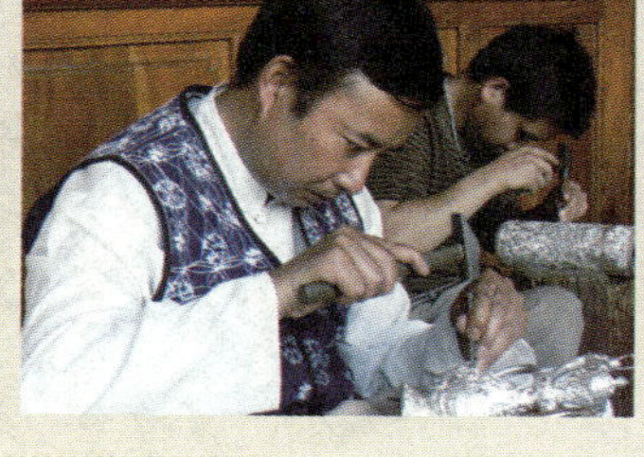

寸发标大师正在制作银器

新华村的
小湖美景

为“中国民间艺术之乡”“中国民俗文化村”。此后，鹤庆县顺势而为，着力将新华村打造成4A级景区的旅游文化小镇，成立了银都水乡旅游投资有限公司，共投入资金3亿多元，完成了景区的各项建设。2006年，新华村荣获“云南十大名镇”的称号。现在新华村已经成了全国最大的“中国银都”，年加工工艺品500多万件，总产值达10多亿元。每天有数千的中外游客到新华村旅游观光，购买心仪的工艺品。2012年中秋国庆长假期间，新华村接待旅游人数就达12.22万人次，成为云南最火爆的旅游热点之一。

題名坊
名拓南詔史驗城
題開漢武

第九章 教育、科技与史学

白族从汉代开始起就接受汉文化教育，是云南最早接受汉文教育的土著民族，科技发展在西南少数民族中一直处于领先地位，史学比较发达，人才辈出，在教育科技领域中都有许多建树。

教育

古代教育

白族的教育历史悠久，是云南最早接受汉文教育的少数民族。汉代，白族先民聚居的滇池、洱海地区已经有了汉语学校教育，出现了张叔、盛览这样开云南教育先河的教育家。立于东晋时期的《爨宝子碑》和南北朝时期的《爨龙颜碑》，文体书法得汉晋正传，被誉为“神品”。据梁建芳《西洱河风土记》记载，在隋唐之际，以杨、李、赵、董等为名家的白族先民“有文字，颇解阴阳历数”。这些记载虽然过于简略，使我们难以了解当时教育的具体情况，但从一个侧面表明白族教育在唐初已经达到一定水平。南诏国和大理国时期，白族教育取得重大发展，南诏国统治者身体力行，重视教育。南诏王阁罗凤“不读非圣之书”，“异牟寻颇知书，有才智”。《异牟寻与韦皋书》说：“人知礼乐，本唐风化。”唐贞元十五年至大中十三年（799—859），南诏先后派遣大臣子弟千数就学成都，涌现出了一大批精通汉文化的知识分子。大理国同样重视教育，还仿照唐宋王朝开科取士。大理国经常派遣使臣入宋求书，并且通过商业交易买书，涉及图书种类应有尽有。

白族除了汉文儒学教育外，还有“白文”教育。南诏遗址中就出土大量白文有字瓦，大理国写本佛经中有大段白文旁注和疏记。元初雄辩法师用白文写经书，学习的人很多。元明时期，有人用白文写过《白古通》《西南列国志》等不少史书，这些史书虽已失传，但还保存下一些白文碑刻。

元代开始在云南设立学宫11所，当时白族人口的主要分布区域昆明、大理、保山、澄江等地均建立了学宫。明清两代，白族地区增办了一些学宫和书院。清代又兴办了一些私塾和义学。这一时期，参加科举考试的不少白族学子金榜题名，考中进士、举人的人数为云南各少数民族之首。据大理市喜洲镇所立的题名坊，上面刻录的该镇在明清两代中举的进士、举人就有100多

▲ 题名坊

人，其中进士34人，这是内地许多地、县级行政区域都难以望其项背的。当代喜洲的人才也很多，据喜洲镇政府收集到的不完全名单，喜洲获正副高级职称的专业技术人员有400多人，其中技术职称正高职、行政地厅级、军职副师级与大校军衔以上的人员有136人。

近现代教育

清末废科举，兴学堂。白族地区与全国一样，一律将书院改为中学堂，并兴办了一些初、高等小学堂。民国时期，白族地区的学校教育有大理省立中学，鹤庆省立师范，各县均设有初中。抗日战争时期，大理还增办了国立大理师范、省立大理女子中学、私立五台中学、私立中正中学。此时，西南联大迁到昆明、武汉华中大学（今华中师范大学）迁到大理喜洲，不少白族学子到这两所著名大学上学，对促进白族教育的发展也起了非常重要的作用。

小学教育，据1947年对白族聚居的剑川、邓川、大理、下关、鹤庆、洱源6县的调查，总计有中心学校56所，保国民学校464所，在校学生40 395人。白族中还有不少学子到各级学校学习，有的学子还远赴欧美、苏联与日本留学。其中法学家张耀曾，政治家兼著名学者周钟岳，教育家赵甲南、董泽，军事家杨杰，无产阶级革命家张伯简、施滉、施介、周保中，“两弹一星”元勋王希季，中国试管婴儿之母张丽珠，经济学家杨克成等都是在全国有影响的白族留学生当中的著名人物。

总的说来，旧中国白族的教育虽然在云南少数民族中发展水平最高，但主要局限于城镇和少数坝区，绝大多数农村，尤其是广大山区教育十分落后，读书识字的人很少。

当代教育

中华人民共和国成立后，各级党委和政府加快了白族地区的教育发展，先后建立了包括高等院校、中等专业学校、普通中小学、农业职业中学、幼儿园、特殊教育学校在内的民族教育体系。2001年，大理白族自治州12个县市全部实现了基本普及九年义务教育，基本扫除青壮年文盲的目标。每年高考，全省白族考上大学的人数均名列云南少数民族前茅，为云南3个高考不加分的少数民族之一。白族已经培养出了一批数量可观的干部和教

百年名校——大理第一中学

微机室

化学课堂

物理课堂

授、作家、医生、工程师、农艺师等专业科技人员。据2010年第六次全国人口普查，云南白族每万人口中拥有大专及以上文化程度人口为713人，高中1 016人，初中3 322人，小学3 671人。

科学技术

白族的科学技术源远流长，早在石器时代，白族先民就制造原始的工具，从事原始农业、手工业、建筑业，在这些生产活动中不仅有早期的生产技术，而且孕育着包括数学、物理、化学、生物、天文、地理在内的多种科学学科的萌芽。以此为源头，白族的科学技术不断发展进步，且在许多方面都有自己独特的创见。历史上白族经历了几个大的发展阶段，在每一个大的发展阶段，科学技术的成就也相应比较突出。

古滇国科技

第一个主要发展阶段是大约在周代至西汉的滇国时期，以白族先民“滇僰”为主体民族的滇国创造了高度发达的青铜文化。各类青铜器物不仅有很高的艺术成就，而且其中还蕴含着辉煌的科技成就。据专家研究，这些青铜器在铸造工艺上主要采用的是熔模铸造法和精密铸造法，铸造技术不低于中原地区的水平。对大型器物已采用分铸法和铆接、焊接工艺。在青铜器的表面处理上已使用了鎏金、镀锡、镶嵌和施以氧化涂料技术。对青铜器合金成分的配比已经达到准确和娴熟的程度。能达到如此高的技术工艺成就，必须有相应发达的数学、物理、化学、几何等作为基础，从而充分表明当时的白族先民在科学技术发展上已经取得了很大的成就。

在农业科技方面，据对出土器物的研究，有关专家把当时的农业生产工具分为耕具、起土器、中耕器、收割器等四大类，每类下又有若干种具体的器具，主要生产稻、麦、粟和稗子等粮食。所产粮食除直接食用外，还用于饲养牲畜和酿酒。再联系《史记》记载的滇池地区的土地“肥饶数千里”来分析，表明当时的农业科技已达到比较高的水平。

在天文学方面，早期铜鼓上大都铸有太阳纹饰，这不仅是一种先民的天体崇拜，而且表明了人们对宇宙天体和太阳与生产关系的探索。据专家对晋宁石寨山出土的贮贝器上的一种祭柱的研究，认为该祭柱名叫圭表，它是古人研究太阳运动的一种天文仪器。江川李家山则出土有两件战国时期的铜漏模型，有关专家认为漏刻是古人用来计时的器具，表明滇国已有了计时技术，更为重要的是，它们是我国迄今为止出土的最早的漏刻，而我国其他地区出土的漏刻都是在西汉以后，因此这两件铜漏模型在我国天文学史上具有十分重要的意义。

南诏、大理国科技

白族科学技术的第二个主要发展阶段是南诏、大理国时期。在这个阶段，由于政治上的统一，统治阶级的积极进取和实行比较开放的对外政策，积极发展与唐朝、土蕃、印度的政治经济文化交往，极大地促进了白族科学技术的发展。

冶金业的技术工艺比以前有了重大进步，尤以兵器制造技术和巨大的宗教器物铸造技术为高。南诏铎鞘、郁刀、南诏剑、大理刀等兵器均经过反复锻打、淬火，再加热炼成，锋利无比。南诏铁柱，崇圣寺雨铜观音像和建极大钟等著名的大型宗教器物，都显示出当时铸造和焊接技术工艺水平。唐宋时代及后代史书都大量记载了当时成千上万尊铸造佛像的情况，以及大规模开采金银矿，并制作出大批精美金银器具的情况。如大理崇圣寺三塔顶端的大鹏金翅鸟和维修三塔时出土的34尊鎏金佛像，制造与鎏金技术都十分精湛，至今仍光彩夺目。明代李元阳《崇圣寺略记》："盖有千尺三浮图，玉柱标空，金顶耀日，寰中之塔，无与比肩。高楼百尺，上悬鸿钟，声闻百里。"这些都充分表明当时的冶金业的高度发达与科学技术水平在以前的基础上已经有了长足发展。

李元阳说的声闻百里的鸿钟，铸造于南诏建极十二年（871），故名"南诏建极大钟"，毁于清咸丰、同治年间（1856—1872）的战乱，另一种说法是在1925年大理大地震后失踪。

知识链接 **阿嵯耶观音像** 云南特有的一种观音造像。阿嵯耶观音出自梵语，意为"圣观音"。为南诏大理国时期的造像。据有关报道，阿嵯耶观音像目前在国内外大约有22尊，纯金、鎏金、铸铜质地不同。阿嵯耶观音像反映了南诏大理国时期白族在冶金、工艺美术等各方面的高超水平，是南诏大理国佛教艺术珍品，属于国宝级文物。

阿嵯耶观音像

建筑技术方面，南诏时期先后兴建和扩建了一大批城镇，其中规模较大、能够反映建筑技术水平的重要城镇有大和城、阳苴咩城、大釐城、拓东城、永昌城、云南城等。史书记载，这些城镇的建筑技术和市镇布局规划都已经达到了相当高的水平。能够反映南诏、大理国时期白族建筑科技水平的还有大量的佛寺和佛塔，尤其是大理崇圣寺三塔，它是白族悠久历史文化的象征，也是我国西南最雄伟壮丽的古建筑之一。

在农业生产和水利建设方面，大量开垦梯田，普遍采用了农作物的复种技术，大规模兴修水利工程，建设园林，种桑养蚕，广泛采用"二牛三夫"的犁耕技术，极大地提高了农业生产力。

纺织技术较之以前有了重大发展，有木棉纺织、丝织、毛纺织等多种。特别是太和三年（829）南诏从成都掳来"子女工技”数万，带来了内地先进的纺织技术，使南诏纺织技术提高到与内地基本相同的水平。

历法方面，随着同内地与印度等地交往的扩大，中原历法不断地从官方和民间渠道传入白族地区。内地僧人和印度僧人大量来到南诏、大理国，他们在传播佛教的同时也带来了内地和印度的天文历法。从此，内地的农历代替了白族原来使用的每年13个月的古老历法，把白族的历法水平向前推进了一步。据有关专家对南诏千寻塔出土的一张绘有30多颗恒星，上面写有大段梵文的绢质示意图的研究，认为这是印度天文学传入南诏国的证据，同时表明当时白族对恒星已有了一定的认识水平。史载南诏、大理国时期，白族已比较重视观测天象，有多次关于彗星、流星出现和金星犯月的记录。有几次记录是内地文献所缺记载的，因而更显其重要的科学价值。

地理知识方面，唐宋时期的有关史书不仅记载了关于云南道路交通、山脉、江河、湖泊、村镇、邻国的基本情况等方面的大量地理知识，而且还记载了有关地图的情况。《新唐书·南蛮传》《资治通鉴》等书均记载南诏王异牟寻在破吐蕃后，派遣其弟凑罗栋等人向唐朝朝廷“献地图方物，请复南诏号”的情况。南诏国时期和大理国时期曾分别绘编有《南诏图志》和《大理图志》两部地理专书。这两部地理志书今虽已佚，但其有关资料已为樊绰编写《蛮书》和元代编撰的《大元一统志》《云南图志》等书所使用。

医学知识在这一时期取得了重大进步。南诏立国以前，有关医学知识除记载有一些常用中草药外，其他方面的记载极为缺乏，很可能是巫医不分。南诏、大理国时期，内地医药学如脉学、针灸学，印度佛教医学，尤其是解剖学等传入，与本地传统医药学结合，极大地提高了白族的医学水平。关于这一时期的人们用脉学诊病，用针灸与特效中草药、药酒、温泉水等治病的记载很多。大理国佛经当中不仅保存有人体生理解剖图，而且还有人体各个脏器、各种骨头的比较详细的记载，说明人们对人体生理解剖知识已经有了相当程度的了解。

这一时期白族在数学、度量衡、造纸、印刷上都取得了重大进步。史载唐初杨、赵、李、董等白族大姓就“颇解阴阳历数”。南诏时，先后派遣大臣子弟千人以上到成都，西川节度使韦皋设置学校，让他们学习“书算”，学成一批，又换一批，先后有50年。这些学成归来的人对提高白族的数学知识起到了重要的作用。据樊绰《蛮书》记载，南诏政权设有“内算官和外算官”处理文书工作。军事训练中，马军考试有五项，其中一项为“能算能书”。由此也可以看出，南诏对书算的重视和书算在当时应有一定的普及。

据有关史书记载，当时白族还有本民族的度量衡，并在进制上与内地不同。樊绰《蛮书》载：“一尺，汉一尺三寸也。一千六百尺为一里。汉秤一分三分之一。帛曰幂，汉四尺五寸也。田曰双，汉五亩也。”元代李京《云南志略》白人风俗条说：“交易用贝子，俗呼为䝯，以一为庄，四庄为手，四手为苗，五苗为索。”

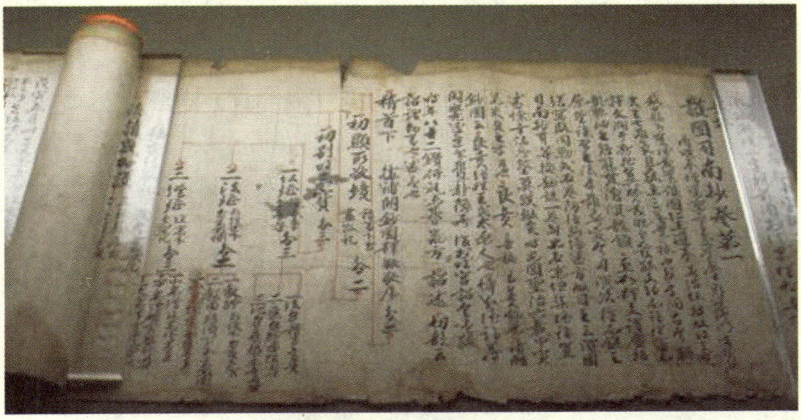

国家一级文物《护国司南抄》

南诏时期，白族已有了自己的造纸业。唐、宋史籍均有白族用纸的记载。1956年，大理市凤仪北荡天法藏寺发现3 000多卷佛教写经和刻经，经专家鉴定，有20多卷为南诏、大理国时期的写本，其中有年代记载最早的《护国司南抄》是公元894年。因其纸质与唐代的其他纸有明显区别，可以确定为当地制造，这些纸上还有入潢加工，故历经千余年而完好无损，表明当时的造纸技术已达到相当高的水平。从大理佛图塔出土的大理国木刻经卷和元代白族地区木刻印刷已经比较发达来看，白族至迟在大理国时期已经有了印刷业。

元明清以后的科技

元代以后，白族在科技领域的各个方面都取得了显著进步，涌现出了一批比较著名的科学家，写出了一批高水平的科学著作，他们在天文学、地理学、医学等方面都做出了较为突出的贡献。

明代杨士云所著《天文历志》对日月运行理论、恒星和行星观测、历法等多个方面都以细致的观测研究做出了重要成绩。他对月食原理的解释是：“月上地之中，日居地之下，地影隔日光，月食知多少。”即月球在上，地球居中，太阳在下，成一直线，地球挡住了太阳射向月球的光线，就发生月食。这是西方天文学传入以前，中国关于月食成因的最准确又最简明的论述，完全符合现代关于月食成因的认识。他的《议开金沙江书》一文是明代以前记载金沙江水系情况的最为详细的资料。与杨士云同时代的李元阳所著的《嘉靖大理府志》和《万历云南通志》对云南省和大理地区的古代气候、物产、动植物分布、山脉、水道、自然景观、名胜古迹等都有较为详尽和准确的记载。两书卷首绘制的大量地图，是云南在明代以前最出色也是最重要的地图。清代周思濂著的《太和更漏中星表》、李滤著的《太阴行度迟疾限损益捷分表》、何中立著的《星象考》等都有一定创见。这一时期白族天文学家所做的许多天文观测记录，有的是内地缺载的，有

大理学院附属医院

的比内地记录详细，因而在我国天文学史上有重要的意义。

医药学方面，明、清两代，白族地区涌现出一批名医，大理地区的府、州、县志记载的名医就达50多人。不少人以独特的专科名盛一时，如赵良弼善治眼疾，张羲精于脉诀并善治伤寒和痘疹，杨世宾和杨宗儒擅长小儿科，周鸿雪善用石膏治疗残疾等等。医学著作据地方志书存目的有陈洞天的《洞天秘典注》，李星炜的《奇验方书》《痘疹保婴法》，孙福荣的《病家十戒医学十全合刊》，赵子罗的《本草别解》《救疫奇方》，奚毓崧的《训蒙医略》《伤寒逆症赋》《药方备用论》《六部脉生病论补遗》，李仲浦的《医学辑要》《眼科》等10多种。这些著作涉及医学、药学、内科、外科、儿科、眼科等各个方面。

辛亥革命后，一些白族知识分子学习了西医，在县城和一些重要城镇开设医院或中西医诊所。在民间还有一批中草药医生行医治病，许多群众能够识别几十种中草药，了解一些常见病病理，家里多备有药箱，存放一些常用中草药，用以防治常见病和多发病。但广大农村缺医少药的现象比较严重，尤其是偏僻的山区，群众得病往往神药两解，除用少量草药治疗外，常请巫师祭鬼驱邪，若治不好，就只有听天由命了。

中华人民共和国成立后，白族地区的医学得到了很大发展，培养了大批医疗卫生人员，州、县、乡、村建立了医疗卫生、防疫、保健网络，并随着经济的发展不断得到完善。群众生病一般都能得到及时治疗，从而大大地提高了人民群众的健康水平。

史学

白族的史学在南诏以前只有民间传说和部分汉文史籍保留有少量史料。南诏以后，白族中出现了一批史学家和史学著作，但许多著作已被明代云南地方统治者沐英父子烧毁，或毁于历代兵燹。如今保存下来的完整历史著作不多，一些著作只存书目。据史学家的搜集考证，南诏时期的历史著作有《张氏国史》《巍山起因》《铁柱记》《西洱河记》等，大理国时期有

《白史》《国史》，元代有《白古通》《玄峰年运志》，这些书今已失传，但其中部分史料已为明清时期的一些史书所采用。明清两代白族史学家写了不少史学著作，其中有代表性的学者和作品有：杨鼐的《南诏通记》10卷，黑新逵的《西南列国志》百卷（今佚），李元阳的《嘉靖大理府志》和《万历云南通志》，艾自修的《重修邓川州志》，何邦渐的《浪穹县志》，无名氏的《白古通记浅述》，董善庆的《云龙野史》，张相度的《太和县志》，赵淳的《白盐井志》，高奣映的《鸡足山志》等。尤其是王崧在任《道光云南通志》总纂期间，悉心搜集史料，将《史记》《汉书》以下论述云南历史的史书61种，经精选考订，汇编为《云南备征志》21卷，这是第一部最为详实的云南史料。他编纂的《道光云南志钞》和经他校订的《南诏野史》均有重要的史料价值。清末赵藩主持编纂了《云南丛书》近200种，该丛书集云南古文献之大成，可以称得上是研究文史哲经和风俗民情的百科全书。此外，赵藩还撰有大量的史学和文学著作。爱国诗人赵式铭不仅以宏富的诗文和语言学著作出名，而且还著有《滇志辨略》《云南光复志》《汉书传补注》等史书。民国时期的周钟岳主持总纂的《新纂云南通志》，共266卷，是研究记述云南古今地方史志最系统和翔实的著作。此外，他还撰写了大量云南护国运动的史料。

新中国建立后，徐嘉瑞著《大理古代文化史稿》，马曜主编

洪云龙副州长向国家民族图书馆赠《大理丛书》

《大理丛书》

《云南古代各族史略》《云南简史》和《白族简史》等都是研究云南历史和白族历史的重要著作。研究白族历史具有一定代表性的著作还有张旭著《大理白族史探索》，杨仲录、张福三、张楠共同主编《南诏文化论》，张锡禄著《南诏与白族文化》《元代大理段氏总管史》，杨聪编著《大理经济发展史稿》，张文勋主编《白族文学史》，李晓岑著《白族的科学与文明》《南诏大理国科学技术史》，张福孙著《大理白族教育史稿》，杨镇圭著《白族文化史》，李公著《南诏史稿》，赵卫峰著《贵州白族史略》，赵寅松主编《白族研究百年》4卷本文集等。其他研究白族史专题方面的著作和文章就更多了。

第十章
名胜古迹

白族地区自然风景优美，人杰地灵，民族传统文化积淀深厚，名胜古迹众多，仅大理白族自治州就有国家级重点文物保护单位24家。每年都吸引着上千万的国内外游客与众多的民族民俗文化研究者前往旅游观光、休闲度假与研究考察。2013年，大理白族自治州接待国内外游客达到2 200万人。下面以白族聚居的大理白族自治州为主，择要为读者介绍白族地区的部分名胜古迹。

崇圣寺全景

大理崇圣寺三塔

大理崇圣寺三塔位于大理古城以北1.5公里苍山应乐峰下，背靠苍山，面临洱海，是白族地区最为著名的佛教建筑。海内外游客凡是到大理的，崇圣寺为必定游览之处。崇圣寺始建于南诏国时期，大理国时期又进行了扩建，是南诏国和大理国的皇家寺庙，称之为“佛都”。大理国22位国王中就有9位“逊位为僧”，到崇圣寺当和尚。

美丽的三塔倒影公园

崇圣寺及其三塔的建筑情况，建造年代与方法难以完全确定，一般认为千寻塔（主塔）建于南诏时期（824—859），两个小塔建于大理国时期（907—960）。千寻塔高69.13米，共16层，为方形密檐式砖塔，内部为空心筒形楼阁式结构，这种结构具有很强的抗震和抗风能力。分立在千寻塔后的南北两小塔

均高42.19米，共10级，为八角形砖塔。崇圣寺建成时规模宏大，据《南诏野史》记载：“开成元年（836），嵯巅（南诏国宰相）建大理崇圣寺，基方七里。圣僧李贤者定立三塔，高三十丈，佛一万一千四百，屋八百九十，铜四万五百五十斛。自保和十年至天启元年功始完。”史载唐朝曾经派遣工匠恭韬、徽义帮助造塔，从千寻塔的造型与西安小雁塔基本相同的情况来看，三塔不仅反映了古代白族人民善于吸收先进的汉族文化，不断提高自己科技文化水平的优良传统，同时也是汉族和边疆少数民族友谊的历史见证。

雄伟壮丽的三塔

后来，寺院毁于历代兵燹和大地震，唯有三塔巍然屹立。1961年3月4日，国务院公布崇圣寺三塔为第一批全国重点文物保护单位。1994年10月，大理州成立了崇圣寺三塔文物保护管理所，投入8 000多万元，重铸南诏建极大钟和复建钟楼，重建雨铜观音殿与重铸雨铜观音像，展示稀世画卷——《南诏图传》《张胜温画梵像卷》，置宝鼎，建三塔文物陈列馆、夜景灯光工程、三塔聚影池。2005年，大理共投资1.82亿元，全面重建崇圣寺，并对三塔进行了维修，结束了崇圣寺百年来有塔无寺的历史。重建后的崇圣寺占地600亩，建筑面积20 080平方米。主轴线上依次建有大鹏金翅鸟广场、山门、护法殿、弥勒殿、十一面观音殿、大雄宝殿、阿嵯耶观音阁、山海大观石牌坊、望海楼。中轴线两旁和次轴线上建有法物流通处、方丈堂、客堂、斋堂、罗汉堂、千佛廊、祖师殿、佛教研究院。整个建筑群落起伏跌荡，错落有致，金碧辉煌，大气磅礴，既彰显了皇家寺院的庄严气派，又再现了民族建筑的壮丽辉煌！如今的崇圣寺为国家AAAAA级景区，是云南最大、全国一流、世界著名的佛教圣地，每年都吸引了大批香客和中外游客前来拜佛与观光游览。

太和城遗址与南诏德化碑

太和城遗址位于大理古城南7.5公里的太和村。太和城原是白族先民“河蛮”所建城邑。唐开元二十五年（737），南诏王皮逻阁在唐朝的支持下，统一六诏。两年后从其发祥地蒙舍诏（今巍山县）徙居此城，太和城便成了南诏统一六诏后的第一座都城与南诏建国初期的政治、军事、经济、文化中心。太和城原名大和城，唐代樊绰《蛮书》的记载就是“大和城”，白语称为“岛

南诏德化碑公园大门

我”（daoxwod），汉语意思也是大和。到了元代郭松年《大理行记》始称“太和”，此后，太和之名一直沿用至今。唐大历十四年（779），南诏王异牟寻迁都阳苴咩城（今大理古城），太和城结束了作为都城40年的历史。

太和城从唐代一直到元代都是一座大城。樊绰《蛮书》说：“大和城，北去阳苴咩城一十五里。巷陌皆垒石为之，高丈余，连延数里不断。”郭松年《大理行记》说：“入关十五里……诸峰罗列，前后参从，有城在其下，是曰太和，周十有余里。”从樊绰说的“连延数里不断”，到郭松年讲“周十有余里”，表明太和城历经500多年，一直是一座规模宏伟的大城，后来逐渐衰落，一般认为此城废于明初。现在遗址仅存两道夯土城墙，北城墙西从佛顶峰台坡向东北延伸至洱海之滨，长3 225米；南城墙西从苍山五指峰麓向东延伸至洱滨村，长3 350米。夯筑的残墙基宽为4~5米，高2~4米，全城面积约3平方千米。

南诏德化碑碑亭

太和城遗址内有南诏德化碑，为南诏王阁罗凤所立，位于太和村西140米，立于公元766年。碑高3.97米，宽2.46米，厚0.6米，碑文剥蚀严重，碑面正文原来有3 800余字，现只存320字。碑文主要记述了南诏前期的社会情况，以及南诏与唐朝关系的重大历史事件，碑阴的职官题名41行，3 000余字，现仅存556字。令人欣慰的是，明代李元阳的万历《云南通志》首先收录了《南诏德化碑》的全文，使我们能够了解到碑文的全貌。《南诏德化碑》是研究唐代云南历史和唐朝与南诏关系最重要的碑刻，被称为云南第一大碑，具有很高的历史文化价值。1961年3月4日，国务院将太和城遗址与南诏德化碑公布为第一批全国重点文物保护单位。1963年大理县人民委员会（后称县政府）根据万历《云南通志》将《南诏德化碑》全文用大理石阴刻，镶嵌在碑室壁上，并建碑亭保护大碑。

喜洲白族民居古建筑群

▲

喜洲白族民居建筑装饰局部

喜洲是云南著名的历史文化名镇，属云南省大理市的一个乡镇，位于大理古城北17公里。喜洲在古代是楪榆国的治所，司马迁的《史记》就记载了楪榆国的大名，所以喜洲已有我国第一部正史记载的2 000多年悠久文明史。喜洲经济文化发达，人才辈出，是大理国王段思平的故乡，南诏大理国时期的宰相与省部级官员多由喜洲人出任。明清时期出过进士、举人100多名，民国著名法学家张耀曾和神州试管婴儿之母张丽珠父女就是喜洲人的杰出代表。名传四方的电影《五朵金花》主要在喜洲拍摄。喜洲还是白族资本主义的发祥地和著名的侨乡。

正因为有着深厚的历史文化积淀和雄厚的经济基础，喜洲白族民居建筑独具一格，集中体现了白族建筑的精华。至今喜洲仍旧保留着明、清至民国时期的大量古民居，其中百年以上的古院落有151座。“三坊一照壁”“四合五天井 ”的布局，飞檐斗拱，雕梁画栋的装饰极富民族特色，是白族民居的典型代表。大文学家老舍先生在抗日战争时期到喜洲讲学，对喜洲的市镇建设评价极高，将其与英国的剑桥相提并论。他在《滇行短记》中说：“喜洲镇却是个奇迹。我想不起在国内什么偏僻的地方见过这么体面的市镇。进到镇里，仿佛是到了英国的剑桥，街旁到处流着活水；一出门便可洗菜洗衣，而污浊立刻随流而逝。街道很整

喜洲古镇四方街 ▶

严家大院
第二道门

赵府联通四院的走廊

董家大院照壁和门楼

齐，商店很多，有图书馆，馆前立着大理石的牌坊，字是贴金的！有警察局。有像王宫似的深宅大院，都是雕梁画栋。有许多祠堂，也都金碧辉煌。不到一里，便是洱海，不到五六里便是高山。山水之间有这样一座市镇，真是世外桃源啊！”

2001年6月25日，国务院公布喜洲白族民居古建筑群为第五批全国重点文物保护单位。喜洲民居古建筑群主要包括有明代翰林杨士云家的“七尺书楼”，位于喜洲大界巷8号；张若畴家的宅院，位于喜洲市上街30号。清代喜洲建筑有赵廷俊大院、杨源大院、张仕锃大院等。民国年间的建筑就更多了，主要有严子珍大院、董澄农大院、杨品相大院、尹懋官大院等。

赵廷俊大院又称赵府，位于喜洲大界巷，为清朝嘉庆年间进士赵廷俊在1839年建造。赵府建筑面积约2 000平方米。一进四院（谐“进士”之音），轴线前四坊为倒坐穿堂大开正门，南北两厢均有走廊相连，四个院落相互串通。整座建筑群古朴庄严，体现了喜洲的建筑文化特色。

严家大院位于喜洲四方街西南角，为商业巨子严子珍在1919年建造。严家大院建筑面积3 066平方米，由自北而南的两院“四合五天井”和两院“三坊一照壁”组成，院落以“六合同春”和“走马转角楼”连成一个整体，楼上楼下均有回廊，串联所有房间，天井铺青石板。最里面还建有一幢西式别墅洋房，四周种植花木，环境清幽。大门称“大夫第”，二门镶嵌“司马第”。为喜洲白族民俗风情旅游景点之一。大门因雕梁画栋，在“文化大革命”中认为是资产阶级腐朽的生活方式，被当成四旧拆毁，现在重建的大门已非原貌，没有多少文物价值。

董澄农大院又称董家大院，位于喜洲市坪街，为著名民族资本家董澄农所建。董家大院占地6 742平方米，建筑面积约3 814平方米。主建筑有“三坊一照壁”“四合五天井”两院，以及一幢法国式别墅洋房，抗日名将宋希濂等曾在此幢洋房住过，故又称将军楼。董家大院的建筑是典型的中西合璧的精品。现为大理市旅游局所有，更名为董苑迎宾馆。“文化大革命”时期为部队营房，未遭造反派破坏。

杨品相大院位于喜洲镇城北村西大道南侧，由喜洲商帮“八中家”之一的资本家杨品相于1947年所建。建筑面积1621平方米。由两个“三坊一照壁”的院落组成。2004年，热爱中国少数民族文化的美国画家林登夫妇游历喜洲古镇后，被丰厚的喜洲白族文化和优美的自然风光深深吸引，于是做出决定，卖掉在美国的住房，将杨品相大院租下，在有效保护文物的基础上，将其改造成为一座五星级客栈，取名为“喜林苑”，英文名叫Linden Centre，主要接待西方美术文艺界的游客，成为喜洲一道亮丽的风景线。

▲

建筑在石宝山山崖上的宝相寺

剑川石钟山石窟

剑川县石宝山是云南省的著名风景区，这里古木参天，幽兰空谷，山花浪漫，一年四季云雾缭绕。怪石嶙峋，状如开花的奇石，有的似大钟，有的如卧象，有的如骆驼、有的如神龟，还有的似巨大的菠萝，在翠绿的林海和娇艳的花丛中时隐时现，好一派人间仙境的景象。石宝山因有如巨钟的紫红丹霞岩，又称为石钟山。全国重点文物保护单位石钟山石窟就掩藏在这茫茫林海与花丛之中。

▲ 剑川石宝山石钟寺

石钟山石窟又称剑川石窟，是南诏、大理国时期雕凿的，以佛教题材为主的混合宗教石雕群，迄今一共发现有16窟，共有造像139躯，另有同一时期的柱角石1对，石兽1只，造像题记5则，碑碣5通，游人题记40余则，岩画1处。石钟山石窟分布在以石钟寺为中心的方圆3公里的3个地区，其中石钟寺有8个窟，狮子关有3个窟，沙登箐有5个窟。根据造像题记，石窟开凿始于唐代南诏国王劝丰佑天启十一年（850），止于宋代大理国王段兴智盛德四年（1179），开凿时间前后有300多年。这组石窟以它的历史文化价值和宗教艺术价值的无比宝贵，被权威人士誉为“南天瑰宝”。

石钟山石窟中南诏第一代国王细奴逻及后妃、男女从者造像，第五代国王阁罗凤出巡图，第六代国王异牟寻议政图3个石窟，通过石刻艺术的形式真实地反映了南诏统治者听政、议政、出巡和坐朝的宏大场面，是南诏社会生活的真实写照。

反映白族的宗教信仰是石窟的主题，石窟群中共有12窟雕刻佛教造像，是南诏大理国佛教盛行的生动体现。石窟中的佛教人物造像十分生动逼真，具有鲜明的地方民族特色，既是中国石刻艺术的珍品，也是佛教艺术的瑰宝。

令许多游人惊奇的是在这神圣庄严的宗教艺术殿堂中的第八号石窟，神奇地供奉着一具女阴石雕，女阴石雕端庄地耸立在莲花座上，俨然与佛教的佛和菩萨端坐在莲花座上的造像相一致，石钟寺区第8号石窟“阿央白”

剑川石钟山石钟寺区第7号石窟“甘露观音”——“东方维纳斯”

女阴石雕左右两旁分别为两龛石雕天王造像，好像两个卫兵守护着这具石雕。这具女阴石雕，白语叫“阿央白”（axyafberf），“阿央”意思为“姑娘”，“白”是“开裂、裂缝”的意思，“阿央白”即“姑娘的开裂之处”，直截了当地说就是女阴。“阿央白”从雕刻至今近千年来，一直是四周白族妇女求子、求顺产与顶礼膜拜的对象，是白族生殖崇拜的生动写照。

石窟当中深目、高鼻、头发卷曲的外国人造像，波斯国人造像，藏文题记和一些佛像中体现出西藏及印度佛教密宗造像惯用的方式等等内容，从不同角度见证了我国各兄弟民族及我国同东南亚、南亚、西亚各国文化交流的历史。

由于石钟山石窟具有珍贵的历史价值和艺术价值，1961年3月4日，国务院公布为第一批全国重点文物保护单位。1982年，国务院将石宝山列为全国重点风景名胜区。

石宝山地区有一个白族传统文化保存良好的村子叫石龙村，被云南省列为民俗文化生态村，这里出了李宝妹、李福元、李根繁，以及因参加第13届CCTV青年歌手大赛而一炮走红的小阿鹏等好几个著名白族歌手。游客如果选择石宝山歌会期间到石宝山游玩，不仅可参观石钟山石窟，参与盛大的歌会活动，还可以领略石龙村的白族传统原生态文化，可谓一举多得。

佛教圣地鸡足山

鸡足山位于云南省大理白族自治州宾川县境内，距大理古城86公里，从明代中叶起就与山西五台山、浙江普陀山、四川峨眉山、安徽九华山四大佛教名山齐名，不仅是中国佛教的第五大圣地，而且是享誉东南亚的佛教圣地。从明代开始，每年都吸引内地、藏区和东南亚的上万佛教信徒前来朝拜。

鸡足山因其山势形如鸡足而得名，古名青巅山，后称九曲崖或九曲山，明代嘉靖、万历年间，称鸡足山至今。对佛教传入鸡足山的年代众说纷纭，有周代、唐代、宋代等多种说法，尚无定论。据有关志书记载，明代鸡足山有大寺8个，小寺34个，庵院65个，静室170余所，住寺僧尼上千人。到清代光绪年间，又发

鸡足山山门——华首门

展到以祝圣寺为中心的36寺、72庵，共108座寺院的庞大佛教建筑群，僧尼多达5 000多人。

鸡足山高僧辈出，先后有明代的圆庆、净目、周理、无住、洪如、大错、担当，清代的虚云、自性、洪舒、普行等高僧大德在此出家修行，一时号称“佛国”，成为云南乃至东南亚著名的佛教文化中心。“文化大革命”时期，鸡足山的寺院遭受严重破

▲

鸡足山金顶映朝阳

坏，几乎全部被毁，僧人被遣散。党的十一届三中全会以后，宗教信仰自由政策得到落实，许多重要的寺院得到恢复重建，现在重建得比较完好的有：祝圣寺、九莲寺、佛塔寺、五华庵、石钟寺、迦叶殿、金顶寺、虚云禅寺、牟尼庵、慧灯庵、万寿庵、五华庵、大觉寺、华严寺、铜佛殿、放光寺、华首门等。住寺僧尼180多人。

自古名山僧占多。鸡足山既是佛教圣地，又是旅游胜地。自然风光优美神奇，共有40余座奇山、13座险峰、34座崖壁、45个幽洞，另有泉潭百余，岗岭谷壑无数。全山气势磅礴，山峰竞秀，林泉交错，奇峰嵌寺，苍藤古树，缨络万千。素以雄 、秀、幽、奇、绝而著称。鸡足山一鸟、二茶、三龙、四观、五杉、六珍、七兽、八景为历代名人墨客赞叹不绝，真是“鸡足奇秀甲天下”。鸡足山森林覆盖率达85%以上，有高等植物500多种，不少树木树龄在百年以上，珍禽异兽有数十种。有“天然森林公园”之美誉。2003年，被认定为国家AAAA级风景名胜区，近年来，每年到鸡足山朝山拜佛和旅游观光的人数已达四五十万人，并呈逐年增多的趋势。每年朝山节、佛祖诞辰与涅槃日、观音菩萨诞辰、藏历鸡年等节日，都有上万各地信徒前来朝拜庆祝。

寺登街古建筑群及兴教寺

经外国专家实地考察后，2001年10月11日，世界纪念性建筑基金会（WMF）在美国纽约宣布：中国云南剑川县沙溪镇寺登街区域入选2002 年世界纪念性建筑遗产保护名录。中国同期入选的名录有万里长城、上海欧黑尔雷切犹太教堂、陕西大秦基督宝塔及修道院。世界纪念性建筑基金会在2002年101个世界濒危建筑遗产名录中这样写道："中国沙溪（寺登街）区域是茶马古道上唯一幸存的集市，有完整无缺的戏院、旅馆、寺庙、大门，使这个连接西藏和南亚的集市相当完备。"此后，瑞士联邦理工大学及剑川县政府正式合作实施"沙溪复兴工程"，对寺登街古街区进行"修旧如旧"的修复。2005年修复完毕，正式对外开放。

人们不禁要问，这座昔日默默无闻的边陲小镇为什么会引起世界纪念性建筑基金会专家们的如此厚爱，将其与伟大的万里长城相提并论呢？这并不是说寺登街与长城一样伟大，而是说随着世界现代化的不断发展，许多能展示人类有代表性的建筑遗产在不断湮灭，保护性抢救这些幸存的遗产，就是保护人类的历史。昔日的茶马古道将川、滇、藏，甚至遥远的印度、越南、缅甸、

沙溪寺登街古老街道

寺登街兴教寺佛教节日

不丹、尼泊尔等邻邦长期联系在一起，有力地促进了中外文明的交流与这些地区社会经济文化的发展。千百年来茶马古道上那些人声鼎沸的重镇，随着历史前进的脚步，绝大多数已经只剩一些遗迹，有的甚至杳无踪迹可寻。寺登街的难得之处在于它是茶马古道上唯一幸存的集市，保存了完整的市镇古建筑群，使人们能够直观地了解古代驿站与马帮贸易到底是个什么样子。

兴教寺大门

沙溪镇在历史上是一座繁华的集镇，有过自己的辉煌，沙溪鳌凤山古墓葬群曾经出土2 400多年前战国时期的大量青铜器，沙溪东边华丛山有远古铜矿遗址，均在无声地告诉现代人，沙溪是云南青铜文化的重要发源地之一。著名的石钟山石窟在行政区划上就属于沙溪镇，表明在南诏大理国时期沙溪是一个很重要的地区。从唐代一直到民国，1 200多年来，南来北往的马帮带来了寺登街的繁荣。新中国成立后沙溪逐渐冷落，但万幸的是寺登街能够完整地保留了古老的街道、寺庙、古戏台、商铺、马店、古巷道、红石板路面、古桥、古树、古寨门。有的大马锅头还建有典型的白族民居大院，其中欧阳家

的大院与马店，被游客戏称为“茶马古道上的五星级大酒店”！

寺登街有一座著名的寺院名叫兴教寺，是大理阿吒力佛教密宗寺院，始建于明永乐十三年（1415）。2006年5月25日，国务院公布为第六批全国重点文物保护单位。兴教寺建成时有大殿、二殿及山门、厢庑。清乾隆年间，曾于山门与二殿之间添建“观音殿”。由山门至大殿，构成东西向中轴线之一进三院式殿宇。今存山门，大殿和二殿。兴教寺大殿内原来佛像众多，后毁于“文革”，现在的佛像为改革开放后重塑。殿壁四周里外两面满绘重彩描金的佛教壁画，为明代永乐十五年（1417）沙溪甸头村的白族绘画大师张宝所绘。现仅存20余幅，内容有《南无降魔释迦如来佛会图》《太子游苑园》《大日如来与阿难、迦叶》《东方阿閦如来》《织盛金轮图》等。兴教寺现存主体建筑中的绝大多数构件都是明代原件，寺院建筑与壁画独具一格，堪称艺术瑰宝。

西门街明代白族古建筑群

西门街明代白族古建筑群是大理白族自治州剑川县古城西部的一组明代白族民居建筑。剑川古城所在地历史久远，曾出土西汉五铢钱。剑川古城始建于明洪武二十三年（1390），距今已有600多年的历史。至今保留有明代民居40余院，清代民居130多院。其中古城西门街明代古建筑群为国内保存较好的民居木结构建筑，尤其显得珍贵，2006年5月25日，西门街明代古建筑群被国务院公布为

剑川古城——西门街古街道

剑川古城明代建筑——赵将军府

剑川古城明代建筑——何可及故居

第六批全国重点文物保护单位。

古建筑群由何可及故居、张勉宅院、昭忠祠、陈家大院、何桂枝宅院、段学颜宅院、王英宅院、张时宜宅院、赵将军宅院，共9个院落组成，建造年代在明洪武二十五年（1392）至明崇祯二年（1629）。文物保护的主要院落为何可及故居、张勉宅院和昭宗祠。何可及故居始建于明天启四年（1624），是一座典型的四合院，由门楼、正房和东西厢房组成，占地面积364.97平方米。张勉宅院始建于明弘治十三年（1500），为两进院，由正房、过厅、南厢房组成，占地面积404.61平方米。昭宗祠始建于明崇祯二年（1629），为三进院，由祠堂、过厅、门楼组成，抬梁穿斗混合式木构架，单檐硬山顶，占地面积1 086.2平方米。古建筑群建筑风格特点、街区院落布局、木雕装饰图案等，为研究白族明代民居建筑、木雕艺术的发展、街区演变历史，提供了重要的实物资料，具有较高的历史价值。这些古院落的主人均为进士、举人，他们的事迹与思想对研究白族史也具有学术价值。

南诏铁柱

南诏铁柱是南诏时期所铸的一根反映当时宗教信仰的宝贵物件，现存弥渡县太花乡铁柱庙内，柱体为圆柱形，黑色，铁质，实心，重约2 069公斤，高3.3米，直径32.7厘米，分5段接铸而成。柱体中段铸有直书阳文“维建极十三年岁次壬辰四月庚子朔十四日癸丑建立”22字题记。“建极”为南诏十一代国王蒙世隆的年号，建极十三年为公元872年，也就是说铁柱铸造于公元872年农历四月十四日。南诏铁柱的柱顶呈圆锥形凹坑，深7厘米，有三个丫口，上面各伏一条木质雕龙，上覆铁锅一口，这与古代祭祀铁柱时金镂鸟落于柱顶的传说有关，铁锅表示上天，顶天立地，永镇山川之意。这根铁柱与《南诏图传》上所绘张乐尽求等九位首领祭铁柱的图像几乎完全相同，是研究南诏宗教信仰和冶金技术的重要实物资料。1988年1月13日，国务院公布为第三批全国重点文物保护单位。

◀ 南诏铁柱

水目寺塔

水目寺塔位于大理白族自治州祥云县马街乡水目山水目寺，离县城 20 多公里。水目寺塔的建筑年代有唐代与宋代两种说法，目前尚无定论。水目寺塔为四方形15级密檐式砖塔，高18.17米，双层石砌台基，第一层为四方形，第二层为八角形。塔身第一级东面设门，南面塔壁彩绘壁画。其上各级每面有龛洞1个，塔刹由仰莲、覆钵、宝顶组成。2006年5月25日，国务院公布为第六批全国重点文物保护单位。

▲ 水目寺塔

水目山是南诏大理国时期开辟的重要佛教名山，除了水目寺外，还有好几座佛教寺庙。明代著名旅行家徐弘祖在《徐霞客游记》中记载，其亲身游历的寺院有：水目寺、玉皇阁、普贤寺、

水目寺僧塔塔林

旧寺、灵光寺、无影庵、观音阁、戒月静室等8处。“文革”浩劫，寺院建筑大多损毁，后经努力恢复，修复了水目寺，重建了普贤寺和宝华寺，其他寺院仅存遗址。水目山北岗有一片罕见的塔林，有墓塔59座，加上水目寺僧塔和宝华寺僧塔，共计81座。是我国南方规模最大的塔林。塔林是水目山历代僧人的公共墓地，规模大小不等，造型风格各异。塔身为纺锤形，塔顶呈宝珠形，整座墓塔呈宝塔形，基座为六方形或四方形须弥座，上有卷云纹、莲花纹及人与兽的图案雕刻。基座底下均设有墓室，四壁有台架龛洞用以置放历代僧尼的骨灰罐，其中最大的墓室可置放200多个。所有墓塔从上到下全用沙石砌成，并沿山冈成梯级排列，错落有致，掩映在莽莽苍苍的松林中。从我国现存塔林来看，有关专家认为“北有少林寺，南有水目山”是名副其实的。水目山古木参天，风景优美，水目寺内还有一株树龄300多年的万朵山茶，是一个理想的佛教旅游胜地。

大理国经幢

大理国经幢，建造于大理国时期，出土于昆明地藏寺，所以，又名昆明地藏寺经幢。1919年，在昆明市拓东路地藏寺内的荒草丛中发现一座半埋于地下的古石幢，1923年，昆明市政当局

大理国
经幢

在地藏寺原址上修建了古幢公园，竖铁栅栏对经幢加以保护，供人参观。1997年9月，昆明市博物馆在古幢公园建成开馆，古幢成为市博物馆的镇馆之宝。

大理国经幢是大理国佛弟子议事布燮（布燮是南诏大理国的官名，相当于宰相）袁豆光为已故鄯阐侯（昆明在唐宋时代名鄯阐，鄯阐侯即是今昆明地区最高军政长官）高明生超度亡魂而建造的，经幢为8面体锥状，共7级，由5段沙石组成，通高6.5米。经幢的重要性主要有两个方面，一是史料价值高。经幢上刻有一篇《敬造佛顶尊胜宝幢记》，记载了建幢的目的和经过，歌颂了高明生的功德，也炫耀了袁豆光自己的政绩。幢身还刻有梵文《尊胜陀罗尼经咒》，是研究大理国历史的重要实物资料。二是石雕艺术价值很高。经幢有佛教密宗石雕造像300躯，雕像大者1米多高，小的不足3厘米，刀法遒劲，精美绝伦，中外专家誉其为东方绝世稀有之美术，滇中艺术之极品。日本学者高楠博士更叹为“中国绝无而仅有之杰作”。在全国600多座石幢中，于一幢之上造像之多，工艺之精美，此幢实为绝无仅有。所

经幢上的
精美佛教
造像

以，有关专家认为大理国经幢的艺术与历史价值都可以称得上我国古幢精品之中的精品。1982年2月24日，国务院公布大理国经幢为第二批全国重点文物保护单位，公布名称为“昆明地藏寺经幢”。

千年白族村——诺邓

大理白族自治州云龙县有一个著名的村子，因历史悠久，民族文化积淀丰厚，村名千年不变而吸引了世人的眼球。这个村子名叫“诺邓”，它的大名最早出现于唐代樊绰的《蛮书》，称为“诺邓井”。井的意思为盐井。《蛮书》成书于公元863年，“诺邓”村名即使从《蛮书》起才开始计算，历经唐、宋、元、明、清、民国，迄今也已有1151年，将“诺邓”称为千年白族村完全名副其实。2002年1月24日，云南省人民政府授予该村“云南省历史文化名村”。2005年8月，列为“云南省开发建设型旅游小镇”；同年9月，被评为“中国最具旅游价值的古村落”。2007年

诺邓村远眺

5月31日，诺邓村被授予“中国历史文化名村”；同年11月，又被评为“中国景观村落”。

其实诺邓的历史不是始于唐代，而是更为久远的汉代，汉武帝因今云龙一带出盐而设立“比苏县”，古白语中“比苏”即“出盐地”的意思。据史家考证，汉代的云龙盐井即后来的诺邓井。诺邓井因盐而兴，长达2000多年，出产的盐品质上乘，产量又大，据有关史书记载，年产100多万斤。古时候，食盐是国家重要的税收来源，这么大的产量自然吸引了各地客商云集，使诺邓成为滇西茶马古道上的经济重镇。官府也极为重视，明洪武十五年（1382），朝廷在诺邓设立“五井盐课提举司”，专管盐井课税事务。各地人物与各种文化在这里汇集交融，自元、明以来，南京、浙江、福建、湖南、江西、山西诸地之人，因做官或经商先后迁到诺邓，并逐渐与当地居民融合，形成了诺邓村现有居民诸家族。白、汉两族人员与文化的交融互动，不断为白族注入新鲜血液，有力地促进了诺邓经济文化的繁荣。源远流长的历史底蕴，铸就了这个千年白族村深厚的文化内涵。新中国成立以后，各地盐业兴起，交通运输便利，盐价不断下降；而井盐开采难度大，运输又只有人马驿道，成本居高难下，盐业经济不断萎缩，主要依靠井盐支撑的诺邓遂逐渐衰落。但诺邓因其在历史上的长期兴盛，而留下了非常深厚的文化遗产。

诺邓村世大夫第门楼

诺邓人才辈出，是云龙县出人才最多的地方，明代万历年间，黄文魁首贡并出任广东提举；其子黄翔龙又在天启年间拔贡，初任四川新宁知县，后升任知州。清代云龙中进士3人，诺邓就有2人；考中举人5人，贡生和秀才则更多，目前仅从几户诺邓人家谱上查实的贡生就有60余人，秀才500多人。

诺邓村古建筑和人文古迹相当丰富，目前保留完好的古村

诺邓村道 ▶

风貌以及百年以上的众多明清古建筑，在云南乃至全国都十分罕见。至今犹存提举司衙门、世大夫第门楼、玉皇阁庙宇建筑群、牌坊3座、棂星门、文庙、武庙、弥勒殿、香山寺、古岭寺、云崇寺、观音寺、王母寺、龙王庙、家族祠堂等，此外还有文昌宫、三崇本主庙、城隍庙、魁星阁、财神殿等20余处遗址。诺邓地处山谷，民居建筑因地形而建，极富特色，几面山坡上建盖着层层叠叠、密密麻麻、风格各异的民居。院落形式有“三坊一照壁”“四合五天井”“五滴水四合院”“一颗印四合院”等等，由于村落山势较陡，前后人家之间楼院重接、台梯相连，往往是前家楼上的后门即通后家的大院。村巷村道都是用红石板铺就，三步一阶、五步一台，谁也数不清全村总共有多少级台阶。

诺邓火腿，用诺邓盐腌制，品质上乘，是地道的风味美食。但过去名声仅限于当地，躲在深闺人不识。自从上了“舌尖上的中国”，在中央电视台播出后，一下子声名远播全国各地，产品供不应求。

自2002年以来，由于“历史文化名村”的名牌效应，前来诺邓调查研究，考察观光的领导、专家学者、海内外游客呈爆炸式增长，使这个千年白族村又一次焕发出青春。亲爱的读者，我非常负责任地告诉您：诺邓——真是人一生中值得一去的地方！

蝴蝶泉

蝴蝶泉为大理著名风景名胜区。位于距大理古城北部27公里的苍山云弄峰下。

“大理三月好风光，蝴蝶泉边好梳妆，蝴蝶飞来采花蜜哟，阿妹梳头为哪桩?”这首展示白族青年爱情故事“阿鹏找金花”的电影《五朵金花》主题歌，将蝴蝶泉的盛名传到全球各地，吸引了无数看过电影的人都想前来旅游观光。友好邻邦缅甸总理吴努看了电影《五朵金花》后，于1961年4月10日专程到蝴蝶泉游

▲

蝴蝶泉风光

览。50多年来，国家领导人江泽民、李鹏、乔石、李瑞环、万里、贾庆林、刘华清等都先后视察游览过蝴蝶泉。许多国家的元首、政府首脑、联合国官员，我国著名学者、作家、诗人：郭沫若、费孝通、夏衍、丁玲、邓拓、王蒙等都来蝴蝶泉游览过。尤

著名文化名人郭沫若题名：蝴蝶泉

其是郭沫若先生1961年9月8日上午到蝴蝶泉游览，由于时间早已过了蝴蝶聚会的5、6月份，很遗憾没有看到成千上万蝴蝶聚会的大观，但却根据陪同人员介绍的蝴蝶聚会时的壮观景象和白族民间故事传说中与蝴蝶泉紧密相关的雯姑和霞郎的爱情故事，兴笔写下了大气磅礴的七言长诗《蝴蝶泉》，并应邀题写了“蝴蝶泉”三个大字。当地有关部门将题名与长诗刻石立碑，现在人们到蝴蝶泉游览，都可以看到郭老飘逸的大字与神来之笔。现录《蝴蝶泉》长诗前几句，以飨读者：“蝴蝶泉头蝴蝶树，蝴蝶飞来千万数；首尾连接数公尺，自树下垂疑花序。五彩缤纷胜似花，随风飘摇朝复暮；蝶会游人多好奇，以物击之散还聚。……”

蝴蝶泉的奇观在于蝴蝶与清泉的完美结合，以及周边良好的自然生态景观。远在明代，我国著名旅行家徐弘祖在《徐霞客游记》中说：“蛱蝶泉之异，余闻之已久。”并描述了他游览蝴蝶泉的情景。他说：“泉上大树，当四月初即发花如蛱蝶，须翅栩然，与生蝶无异。又有真蝶万千，连须钩足，自树巅倒悬而下及泉面，缤纷络绎，五色焕然。游人俱从此月群而观之，过五月乃已。”清代许多文人也有类似描写蝴蝶泉奇景的文章与诗句。

大批蝴蝶聚会蝴蝶泉，时间在每年农历四五月份，所以，白族民间将农历四月十五这一天定为“蝴蝶会”，这是一个观蝶赏花的大型游乐节日盛会。笔者小时候还亲眼见过与徐霞客的描述完全一致的情景，届时蝴蝶泉四周到处都是各种各样的彩蝶飞舞，蝴蝶树上万千蝴蝶，一串串连须钩足，从树枝上倒悬一直下垂至泉面，远远望去就像一枝一枝下垂的树枝，类似大叶垂柳。如果有人用物将其驱散，过一会儿，蝴蝶又会聚拢如初。可惜后来由于生态破坏，滥施农药化肥，严重破坏了蝴蝶生殖繁衍的环

蝴蝶泉

境，20世纪70年代以后，蝴蝶越来越少，再也看不到千百年来的蝴蝶聚会奇观了。80年代以后，由于旅游业的发展，蝴蝶泉被辟为风景名胜区，管理部门加强了景区建设和生态恢复保护，建立了蝴蝶馆，收集蝴蝶标本和繁衍蝴蝶，虽然不能恢复蝴蝶聚会奇观，但蝴蝶馆里收集的蝴蝶标本也很丰富，足可饱人眼福，加上蝴蝶泉公园的建设搞得相当好，环境优美，泉水清澈，草木争荣，百花芳香，确实值得一游！在此，我们衷心期待出现奇能异才之士，能够彻底搞清蝴蝶大规模减少之谜，重现历史上的自然奇观！

翰林

第十一章 白族文化科技名人

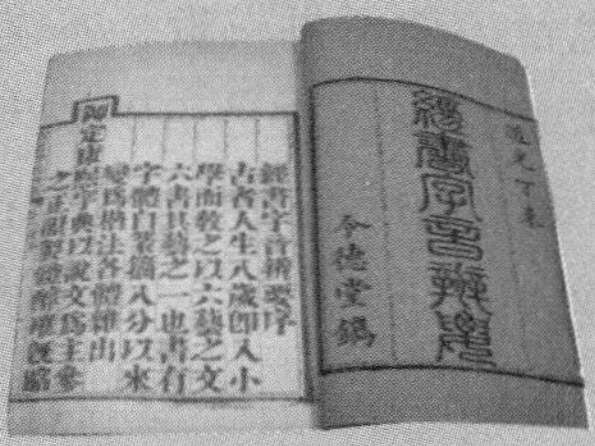

白族是一个自强不息的民族，有着很强的上进心和社会责任感，各个朝代都出过一批杰出人物。白族学者寸丽香编著的《白族人物简志》，收集了有一定作为和贡献、值得记载宣传的古今白族人物2 000多人。前面我们在讲白族历史、白族先贤时，已经讲了一部分有作为的白族人物，这里主要介绍白族文化科技名人。

理学名臣杨士云

杨士云（1477—1554），字从龙，号弘山。明代理学名臣，云南省大理市人。明弘治十四年（1501）云贵乡试解元（举人第一名），正德丁丑（1517）科进士，选翰林院庶吉士，授工科给事中，后改兵科给事中、户科给事中。杨士云为官清正廉洁，为人刚直，关心人民疾苦，在京任职时，闻河北等省发生灾情，即奋笔书成《赈济饥民议》，上书皇帝。他不畏权贵，不满仕途恶习，看到朝廷日趋腐败，便假病弃官回乡，靠种田维持生活。将自己的小屋命名为“乾乾斋”，又称“七尺书屋”，在里面潜心钻研学问。杨士云对天文、地理、文学、史学、经学都有很深的研究，著述丰富，有著作《郡大记》《大理府志》（已佚）、《皇极经世书》《天文历志》《律吕》《诸史》《黑水集证》等，今存《杨弘山先生存稿》12卷。杨士云的故乡大理喜洲四方街，立有一座大型翰林木制牌坊，上有正德皇帝御赐“理学名臣”匾，可容纳一些商贩在牌坊下面做生意，“文化大革命”中被当成“四旧”拆毁。2013年恢复重建，但规模远不如前。

明正德皇帝御赐杨士云的翰林坊（重建）

知识链接 **“让解桥”的故事** 明代弘治戊午年，大理喜洲同乡杨宗尧与杨士云同赴云贵乡试，恰巧在城外石桥上相遇，两人想如果同往，只能有一人考中“解元”，杨士云以杨宗尧年长让其先行，自己下科再去夺魁。杨宗尧此科果然高中解元。下一科（辛酉科）杨士云亦高中解元。后来两人具中进士，杨宗尧官至四川司政，杨士云为翰林院庶吉士、工科给事中。这座桥因此被人们称为“让解桥”。稍后的洱源县进士艾自修特意撰文刻碑纪念此事，并且赋诗：“解元相让亦奇哉，让与他人可复来。让去复来若残局，胸中笔下有专才。功名原属天将数，两解相期谁把住。德气潜修鬼阚身，君心动日神天护。非徒物类两争夸，云是功夫已到家。自揣文场无与敌，后先信手若拈花。”清代昆明翰林顾视高亲书“让解桥”三字，立碑桥边，以表敬慕之情。

顾视高书“让解桥”碑

云南理学巨儒李元阳

李元阳（1497—1580），字仁甫，号中溪，别号逸民，明代云南著名文学家、理学家和史学家，云南省大理市人。嘉靖壬午年（1522），取云贵乡试第二名；嘉靖丙戌年（1526）中进士，“选翰林院庶吉士，名动京师，为十才子之冠”。由于参加议论为嘉靖皇帝生父封号的所谓“大礼议”而被贬为江西分宜知县，不久改任江苏江阴知县。因抗击倭寇有功，迁户部主事、监察御史，后出任荆州知府。李元阳知人善任，是明朝著名首辅（宰相）张居正的恩师。他为官清廉，刚正不阿，颇有政绩。任职朝廷时敢于直言，任职地方时外抗倭寇，内抚黎民。离任时当地百姓“流涕遮道者百里”，为其立碑、建生祠，“述善政百余事”。将他所修之水井与堤坝称为“李公井”“李公堤”，称他对当地水利建设的贡献是，“大禹之后，一人而已。”李元阳44岁时弃官回乡，潜心做学问。

李元阳塑像

李元阳的前半生是一位深受百姓爱戴的好官，后半生是一位大学问家。其诗文集有《艳雪台诗》《中溪漫稿存稿》；理学著作

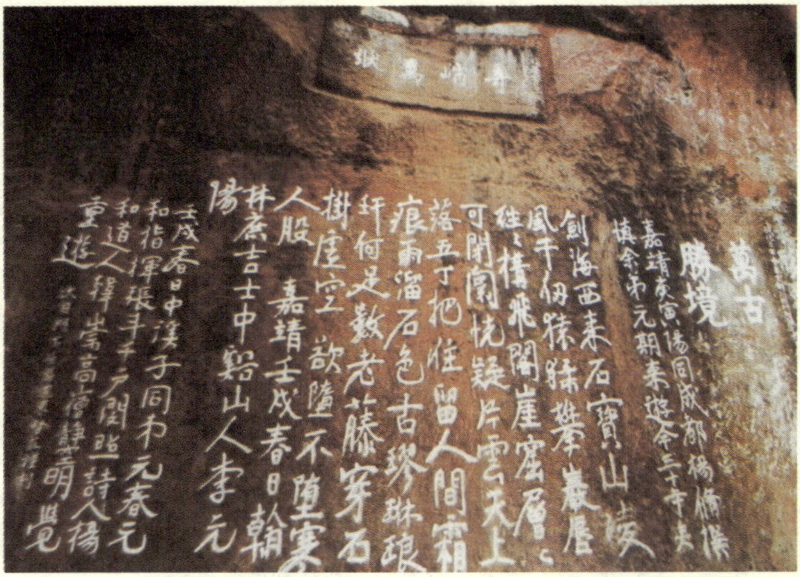

李元阳在明嘉靖年间游石宝山时，在崖壁上的题词

有《天地世界图序》《性说》《心识说》《意识说》《情识说》《心性图说》等；史学著作有嘉靖《大理府志》和万历《云南通志》。李元阳还是书法大家，云南省昆明、安宁、大理、腾冲的许多庙宇碑文多出其手笔，湖北、福建也有其书法碑刻流传至今。还主持修葺三塔寺、弘圣寺等文物。由于他在哲学、史学、文学、书法、教育诸方面的突出成就，被誉为“史上白族第一文人”。民国元老，集政治家、军事家、学问家为一身的李根源评价李元阳的理学思想说：“先生之学以佛入，以儒出。复性为本，济世安民为用。”为“吾滇理学钜儒”。也就是说，李根源认为，李元阳的理学思想是从佛教进去，从儒家思想出来，回复人的本性（儒家认为人性本善），是儒家经世致用，济世安民的思想，所以，称其为云南的大儒家。

经学大师、大史学家、教育家王崧

王崧（1752—1837），字伯高，又字西山，号乐山，云南省洱源县人。清代著名史学家、经学家，有“经学巨擘”的美誉，是乾隆嘉庆时期的经学大师之一，《清史稿·儒林三》列有王崧传。王崧从小勤奋好学，乾隆十四年（1789）乡试第二名，嘉庆四年（1799）中进士第六名，授山西武乡县知县。在任职9年间兴修书院，振兴教育，亲自出任书院山长（院长），聚众讲学，使武乡县文风大盛，人才辈出。因得罪当权者被罢官后，受山西督抚诚恳邀请，在晋阳书院讲学4年，他的学生后来回忆说，先生既主讲，山西九府十州之士，纷纷前来学习听讲，听讲者无不为先生深入浅出的讲解所折服。先生学识之渊博，授业之精当，闻名晋中；道德学问，传遍山西全境。道光六年（1826），受云贵总督阮元邀请，以74岁之高龄，受聘为云南省志总纂。王崧一生治学范围广泛，涉及经学、史学、方志、诗词等，著述甚丰。著有道光《云南通志抄》《乐山制义》《乐山诗集》《布公集》《江海集》《提钩集》《说纬》六卷。校理《南诏野史》。编纂了《云南备征志》，辑录《史记》以下至清初有关云南史料诸书，凡62种。《云南备征志》是一部大型云南史料集成图书，为以后云南修志和滇史的研究提供了基本的资料，被称为“滇南大典”，是后世修志与治滇史者的必读之书。

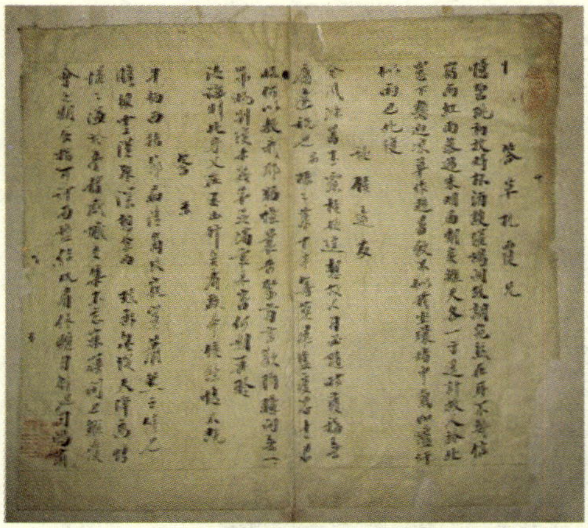

◀ 王崧在山西晋阳书院讲学时的讲稿

▲ 王崧工笔画

清代廉吏杨名飏

杨名飏（1773—1852），字崇峰，云南省云龙县人，原籍大理市喜洲镇，清道光年间著名政治家。乾隆五十七年（1792）参加岁考，获优贡生，被授予鹤庆州训导（相当于教育局副局长）。嘉庆十三年戊辰（1808）恩科乡试，以《千乘之国可使治其赋》的策文中“五经魁”（举人正榜前五名）第四名，授陕西省汉中府经历。此后一路升迁，历任知县、知州、知府，陕西按察使、布政史，陕西巡抚（省长）。授资政大夫、兵部右侍郎兼都察院右副都御使，正二品衔。

杨名飏任职陕西多年，为官清廉，政绩卓著，有人将其政绩归纳为11个方面：1. 倡修古城西安东二十里处的灞桥，所修灞桥历120多年，至今仍安然凌架于灞水之上，成为我国古代造桥史上的典范；2. 捐资置田，筹集卷金，奖励应试学生；3. 重建书院、考棚，发展文化教育；4. 筹息谷，修社仓，以赈灾荒；5. 提倡良好的社会风气，劝民勿习邪教；6. “肃官方”，注重“政在得人”，提倡为官要“仁廉”；7. 整理典籍，纂修县志、州志、府志；8. 修道路、桥梁、水利；9. 维修古建筑，保护文物；10. 清讼狱，除暴安良，他升迁西安知府，任职仅三个月，就把涉及三四百人的冤假错案全部澄清，断案“有若神明，吏役称奇”；11. 因地制宜发展农业生产，认为蚕桑对关中尤为重要，故大力推广蚕桑与种植洋芋。亲著《蚕桑简编》，并编通俗易懂的民歌体《劝桑行》，颁行《种洋芋法》，令广栽桑树和大面积种植洋芋，有力地促进了当地蚕桑业的发展与粮食的增产，有人将其称为古代农业产业结构调整。

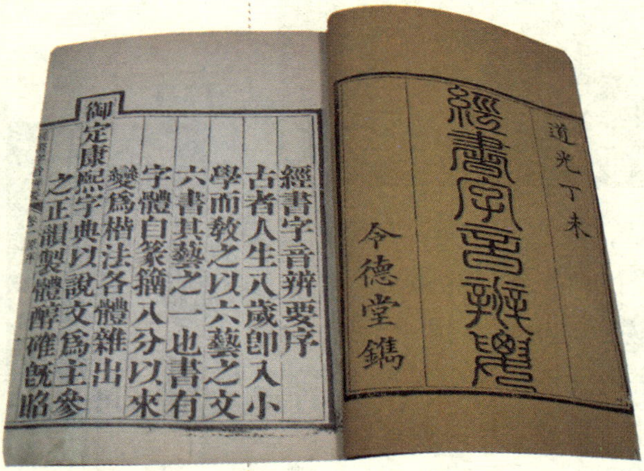

▲ 杨名飏编《经书字音辨要》书影

杨名飏关心百姓疾苦，注重发展生产和改善民生，重视发展文化教育。所著《关中集》，辑录了他的26篇文稿和一首《劝桑行》诗，基本上都是这些方面的内容，代表了他治秦的政策与主张。晚年回到家乡云龙县，出资开办“彩云书院”自任彩云书院主讲，同样大力提倡栽桑养蚕，曾收到很好的成效，对家乡的建设与教育发展做出了贡献。

杰出政治家、文化奇才赵藩

“能攻心则反侧自消，从古知兵非好战；不审势即宽严皆误，后来治蜀要深思。”

这副悬挂在四川成都武侯祠的对联，因在不同时期受到毛泽东、邓小平、江泽民三代领导人的高度评价而声名远扬，备受世人关注。写出这副思想极为深刻对联的到底是何等人物？他就是清末民初的杰出政治家、文化奇才赵藩。

赵藩

赵藩（1851—1927），字樾村，一字介庵，别号蝯仙，晚号石禅老人，云南省剑川县人。光绪元年（1875）辛亥科云南乡试第四名举人。历任易门训导，云贵总督岑毓英的幕僚、川东土税局督办、四川酉阳直隶州州牧、永宁道道台、四川臬台，川南道按察使等职，官至二品。在川任职期间，为官正直清廉，能体恤民情，被百姓称为“赵青天”。更为难能可贵的是，他能审时度势，会看清历史发展大势，痛恨腐败，倾向革命，投身进步事业。为未能营救革命党人，竟然辞官不做。积极参加辛亥革命，出任迤西自治机关总理。是反对袁世凯称帝的急先锋，竭尽全力协助唐继尧组织讨袁护国。当时全国公开撰文大骂袁世凯，通电讨贼，反对其称帝的两位著名人物，一位是“浙西章疯子（章太炎）”，另一位就是“滇南赵病翁（赵藩）”。出任过国会议员、广州护法军政府的交通部长。为资产阶级革命立下过汗马功劳。可以说，赵藩是一位从封建营垒中走出来的革命者，具有治国理政才能的政治家。

但赵藩的影响不在于他是一位有才能的政治家，他的最大贡献主要在于文化方面。赵藩具有杰出的文化才能，是一位著名的诗人、史学家和书法家，堪称文化奇才。1920年赵藩辞官回滇，任云南省图书馆馆长，为云南图书馆事业奠定了基础。晚年致力于文化事业，主持编纂集云南文献之大成的《云南丛书》280余

攻心联

种，已刊205种1 402卷。并亲自为重要书籍撰写题识（内容提要），为收集整理保护云南历史文献做出了巨大贡献，被后人誉为“滇云文化巨擘”。赵藩一生著述宏富，著作等身，已刊刻作品为：《向湖村舍诗初集》12卷685首，《小鸥波馆词抄》200阕，《桐花馆梦缘集》270首；《介庵楹句辑钞》及续集。等待付梓的有：《向湖村舍诗二集》26卷，《向湖村舍诗三集》26卷，《别集》4卷，《石禅文集》20卷，《石禅骈文抄》8卷，《鷞巢识小录》12卷，《介堪金石书画题跋》10卷，《介庵书札》30卷，《自订年谱》1卷。还有主持纂写刊刻之书《咸同滇中兵事纪》20卷、《岑襄勤公年谱》4卷、《滇词丛录》《清六家诗钞》《晋光研斋賸录》《宦蜀滇贤传》。这些书稿少数存云南省图书馆，多数在“文革”中被查抄无存。赵藩书法苍劲，有骨力，颇得颜鲁公笔意，是云南四大书法家之一。脍炙人口的昆明大观楼长联及金殿牌坊诸巨额，均出自赵藩手笔。

著名政治家、学者、诗人、书法家周钟岳

周钟岳（1876—1955），字生甫，号惺庵，云南省剑川县人。清末民国时期的政治家、学者、诗人、书法家。是近现代史上在全国有广泛影响的重要人物，早年就在日本加入同盟会进行革命活动，后来又担任了许多重要职务，为我国的民主主义革命和云南的地方文化建设做出了不可磨灭的卓越贡献。周钟岳学贯中西，是才华出众的杰出诗人，独具风格的书法家，在我国学术史、书法史和诗歌史上都占有重要地位。周钟岳与龙云、李根源

3人，被毛泽东称为“云南三老”，受到全国人民的普遍尊敬。

周钟岳

光绪二十九年（1903）癸卯科云南乡试，周钟岳中解元。1904年，赴日本弘文学院学习师范、1905年复进早稻田大学习法政。留学期间，加入同盟会，为同盟会的早期会员。1907年回国。辛亥革命参加昆明重九起义，任云南都督府秘书长。1912年，任云南教育司司长，旋赴京任北京政府经界局秘书长。护国运动期间，任四川督军公署秘书长。护法战争期间，任滇黔靖国联军总司令部秘书长。1919年后出任代理云南省省长、省长、盐运使、秘书厅厅长、内务司长、民政厅长等职。30年代初任云南通志馆馆长，担任续修《云南通志》总纂，为云南文化事业的发展做出了重要贡献。1939年后，历任国民政府内政部长、国民政府委员、考试院副院长、总统府资政等职。新中国成立后，任云南文史馆馆员，中国人民政治协商会议委员会委员。

周钟岳的主要著述有：《论云南对中国之地位》《滇越铁路赎回之时机及其办法》《法占安南始末记》《云南护国首义之历史谈》《经界法规草案》等。1913年，出任“光复史局”总纂，将

周钟岳书写的中华民国南京“总统府”

云南辛亥光复起义的历史编为《云南光复纪要》，这是研究云南辛亥革命史最为珍贵的史料。《惺庵诗稿》收录了周钟岳诗作700余首，陈荣昌、袁嘉谷等著名学者给予极高评价，称：“文采风流，鸿篇巨制，照古耀今”，“如太阿出匣，光芒四射”。

周钟岳出任云南通志馆馆长后，悉心谋划编纂出版《新纂云南通志》，后因出任国民政府内政部长离职，但仍关心志书的修纂，为云南志书巨著《新纂云南通志》与《续云南通志长编》的出版打下了基础，居功甚伟。周钟岳还是一位大书法家，中华民国南京“总统府”三个大字和云南石林景区的“石林”两个大字、昆明五华山“光复楼”匾额等，都是周钟岳书写的。

云南高等教育的奠基者董泽

▲《东陆瑰宝：董泽纪念文集》书影

董泽（1888—1972），字雨苍，云南省云龙县人。云南教育、交通、航空、金融界的先驱，尤以创办云南高等教育驰名，是云南高等教育的奠基者。1925年，法国曾授予他“法兰西科学院院士”的殊荣。曾留学日本、美国。在日本参加同盟会，参加过辛亥革命与护国运动。首倡在云南独立办大学，而被省长唐继尧任命为东陆大学（今云南大学的前身）筹建处处长，并被民主选举为首任校长。董泽主持校政8年，主持制定《东陆大学组织大纲》，确定了办学原则、办学方针、管理制度，制定了“自尊、致知、正义、力行”八字校训。励精图治，到处延揽人才，争取社会各界支持，培养出一批全国著名的教授和优秀学生，为云南大学的发展奠定了良好的基础。

董泽 ▶

董泽是一位学识渊博的通才，兼职很多，在相当长的一段时期，身兼东陆大学校长、云南省教育司长、交通司长、财政司长暨富滇新银行总办（行长）等5职。在所管领域都做出了突出贡献。

在教育方面，董泽大刀阔斧地整顿落后保守、停滞不前的云南教育，认真抓好中小学教育，建立行之有效的教育管理制度，恢复发展师范、工校，使落后的云南教育得以稳步前进。首先提议建立云南航空学校，并详尽拟订了建校方案，还亲自为学校的成立到处募捐，筹集建校经费，是云南航空学校的奠基者。董泽还捐出家产，资助家乡建立了云龙第一所农业职业学校。

在交通方面，董泽首先拟具全省路政计划及滇西省道建设大纲，提出兴修三大出省干线，并邀请道路专家缜密研究。因限于人力财力，只能先修其中的滇缅公路。1925年12月19日，昆明至碧鸡关公路修通，举行了通车典礼，结束了云南没有公路的历史。

在财政方面，董泽兼任云南财政司司长和富滇银行总办时期，由于连续的护国战争和护法战争，军费开支浩大，云南财政严重入不敷出。董泽接手后，精心筹划，厉行金融改革，紧缩开支，防止通货膨胀，经过3年的努力，云南财政从凋敝衰退走向相对稳定。

中华人民共和国成立后，董泽历任云南省高等教育委员会委员，省人大代表、省政协委员、省参事室参事等职。云南大学为纪念董泽的历史性贡献，2006年，由云南大学出版社出版了该校教师与校友缅怀先生的文集《东陆瑰宝：董泽纪念文集》，文集说："云南教育史将永远铭记他为振兴云南教育所做的贡献，云南人民也不会忘记他在发展云南交通、稳定云南金融等方面做出的业绩。"

云南航空与
公路建设第一人段纬

段纬（1889—1956），字黼堂，云南省巍山县人。1916年以优异的成绩考取公派赴美国留学，先入普渡大学学习土木工程；1921年进入麻省理工学院航空专科学习飞机制造。之后到法国里昂大学进修，获土木工程硕士学位。1923年转赴德国学习飞机驾驶技术，毕业于老特飞行学校，并学会了开汽车。1925年学成回

段纬 ▶

滇，立即就被董泽聘到东陆大学土木工程系当教授。1926年调任云南航空大队副大队长，继任云南航空学校校长。滇缅公路开工，出任总工程师。他主持修建的滇缅公路，为中国的抗日战争做出了巨大贡献。云南的第一批航空人才与公路建设人才都是段纬培养出来的，因而被称为云南航空第一人，云南公路建设第一人。

▲

段纬指挥修建的为抗日战争胜利做出巨大贡献的血肉之路——滇缅公路艰险路段

知识链接 **云南航空第一人，云南公路建设第一人** 这是一位被董泽发现并重用的杰出人才，名叫段纬（1889—1956）。段纬也是一位白族现代史上了不起的人物，云南省巍山县人。1916年以优异的成绩考取公派赴美国留学，先入普渡大学学习土木工程；1921年进入麻省理工学院航空专科学习飞机制造。之后到法国里昂大学进修，获土木工程硕士学位。1923年转赴德国学习飞机驾驶技术，毕业于老特飞行学校，还学会了开汽车。1925年学成回滇，立即就被董泽聘任到东陆大学土木工程系当教授。1926年调任云南航空大队副大队长，继任云南航空学校校长。滇缅公路开工，出任总工程师。他主持修建的滇缅公路，为中国的抗日战争做出了巨大贡献。云南的第一批航空人才与公路建设人才都是段纬培养出来的，因而被称为云南航空第一人，云南公路建设第一人。

享誉中外的著名军事家、杰出的爱国民主人士杨杰

他的军事才华享誉国际军事界，在日本陆军大学学习期间，由于出色的演习指挥才能，得到日本天皇的赞赏，并赐予宝刀，从而赢得“天才将军”的美誉。斯大林称他为“战略专家”，英国国防大臣称他为“军学泰斗”。法国陆军元帅霞飞与他讨论战略问题后，慷慨地说：“此人必将成为东方杰出的军事家！”到底是什么样的人会得到这些权威人物如此高度的赞誉？此人就是军事天才杨杰。

杨杰（1889—1949），字耿光，又名漱石，云南大理人。民

国时期享誉中外的著名军事家、外交家，杰出的爱国民主人士。日本陆军士官学校毕业，是蒋介石的同学。后来脱下中将军服，又再次返回日本陆军大学学习深造。在日本参加同盟会，回国后参加过辛亥革命、讨袁护国战争和靖国护法战争。由于杰出的军事才能，并累建奇功，从云南讲武堂教官、营长，一步步上升到国民党军总参谋长、国民党中央陆军大学校长、驻苏联大使、陆军上将。在“第二次北伐战争”和蒋桂战争、蒋冯战争、蒋冯阎军阀中原大战中，杨杰任海陆空军总司令行营总参谋长，讨逆军第十军军长兼右翼军指挥官，第一集团军总参谋长、第二炮兵集团指挥官等要职，帮助蒋介石出谋划策，先后打败了张作霖、李宗仁、白崇禧、冯玉祥、阎锡山等各路军阀，为蒋介石建立全国统一政权立下了汗马功劳。被时人称为蒋介石的军事高参，了不起的军事天才。1938年3月，日军进犯长城一线，杨杰任第九军团司令官，指挥对日作战，阻止了日军的前进。由于杨杰主张诱敌深入，积极防御的战略战术，遭到何应钦的反对，杨杰无法发挥作用，愤而辞职，结果华北战事失败。蒋介石无奈，任命杨杰为欧洲军事考察团团长，对欧洲20个国家进行考察。不久又任命他为驻苏联特命全权大使。杨杰克服种种困难，想尽各种办法，协调各种复杂关系，四处奔走，争取到国外的多方援助，为抗日战争的最后胜利做出了重要贡献。

杨杰将军

杨杰不仅是杰出的军事家，也是卓越的军事教育家和军事理论家。抗战之前他长期担任陆军大学的领导工作，为国家培养了大量军事人才，在抗日战争中发挥了巨大作用。他注重对学员加强品德、人格教育，反复告诫学员作为中国军人一定要有强烈的爱国主义思想，要维护国家的统一，要有敢于担当的精神。在军事理论方面，杨杰在考察欧洲20国的军事与兵工建设后，写成《欧洲各国军事考察报告》《欧洲考察之管见》《欧洲现势》《呈蒋委员长兵工业根本建设之计划》等呈文，提出了一系列富国强兵的主张。杨杰将军作为我国著名的军事理论家，先后撰写了《国防新论》《军事与国防》《国民军事必读》《大军统帅学》《现代国防的基本条件是什么》《如何改造中国》《苏联的国防政策》《战争要诀》等有重大影响的上百万字的军事理论巨著。力主外联苏联，内联各党派一道抗日。对中国国防建设、兵工建设和制度建设，改造中国军队，提高其战斗力，创造中国的战略战术理论等方面都提出了许多重要的方略，得到国内外军界大力推崇。

由于与蒋介石战略观点的不同和对蒋介石内外政策的不满，杨杰多次与蒋介石产生裂隙与矛盾，尤其是抗日战争胜利后，对蒋介石的独裁内战政策极为不满，使他义无反顾地走上了民主革命的道路，成为反蒋阵线上的一名急先锋，为推翻蒋家王朝积极奔走。为此，蒋介石对他恨之入骨，指令特务对他痛下杀手。1949年9月19日，杨杰在转道香港，准备北上参加新中国成立的政协会议时，遭国民党特务暗杀。

1950年，中央人民政府通过各种渠道，将杨杰将军的骨灰从香港运回昆明，安葬在西山，国家副主席李济深为杨杰墓碑题词。1982年6月5日，中华人民共和国民政部追认杨杰为革命烈士。

2011年，云南民族出版社出版了《杨杰将军文集》3卷本，杨杰的侄孙女、云南大学杨德慧教授于1989年和1993年先后出版了《杨杰将军思想研究》《杨杰将军传》两书，对杨杰将军的生平事迹与军事思想做了系统介绍，感兴趣的读者可以找来阅读，了解杨杰将军的更多事迹。

“两弹一星”功勋科学家王希季

王希季，1921年7月26日生，云南省大理市人，中国著名的航天技术专家，中国科学院院士，国际宇航科学院院士，我国早期从事火箭技术研究的组织者之一，我国第一枚探空火箭技术负责人，我国第一枚返回式卫星的总设计师，“两弹一星”功勋科学家。1942年毕业于西南联合大学机械工程系。1949年美国弗吉尼亚理工学院动力及燃料专业毕业，获科学硕士学位。新中国成立后，为了参加祖国建设，中断了在读博士学位学业，毅然于1950年回国。先后在大连工学院、上海交通大学、上海科技大学、上海机电设计院工作。1965年后，历任七机部第五研究院副院长、科技委主任，航天工业部总工程师等职。

王希季

王希季是中国空间事业开创人之一，著名卫星总设计师、空间返回技术学科的带头人。1960年2月，在上海机电设计院工作期间，王希季负责研制发展控空火箭技术设计，成功发射了中国第一枚液体燃料控空火箭，毛泽东主席给予很高的评价。此后在10年的时间里，我国成功研制了包括气象、控测、生物试验、核爆取样和技术试验等几个类型的15个型号的控空火箭，其中王希季就负责了12个型号，成为中国控空火箭技术学科的带头人。王希季创造性地把我国探空火箭技术和导弹技术结合起来，提出我国第一枚卫星运载火箭的技术方案。主持长征一号运载火箭和核试验取样系列火箭的研制。是我国返回式卫星的技术带头人。1970年4月，王希季领导的团队用中国第一个运载火箭——长征一号，首次发射就获成功，将中国第一颗人造卫星东方红一号送入预定轨道，使中国成为世界上第五个空间国家。1975年，王希季团队研制的中国第一个返回式卫星，首射取得成功，使中国返回式卫星技术进入世界前列，成为迄今为止世界上掌握此项技术的仅有的三个国家之一。1980年后，王希季团队先后负责研制和发射成功了6颗卫星，至今中国已成功地发射了16颗返回卫星，其中有15颗返回成功，总成功率94%，属世界先进水平。返回式卫星的重大成就，王希季在其中起了关键带头作用。

王希季首先提出了“空间资源”“空间基础设施”“空间疆域”“航天技术体系”等新概念。倡创了“控空火箭技术”和“空间返回技术”两门技术学科，主编和参与写作出版了《航天器进入与返回技术》《太空·地球·人类》《工程设计学》《空间技术》《卫星设计学》等书；发表了《论空间资源》《从空间资源开发展望空间技术发展》等一系列有重大影响的论文。

2003年10月15日，中国成功发射神舟五号载人飞船，实现了中国人梦寐以求的飞天之梦。然而很少有人知道在中国研制载人航天器的论证阶段，曾经有过一场激烈的、力量悬殊的争论。当时绝大多数权威专家都倾向于研制航天飞机，而王希季却认为美国研制航天飞机是走了一个大弯路，提出中国应该直接研制宇宙飞船，并且一直非常执着地坚持自己的观点。后来的事实证明，王希季的坚持是完全正确的。美国放下飞船，研制航天飞机以后，航天飞机虽然多次飞上太空，但效果并不好，现在航天飞机不得不停飞了，美国宇航员到空间站还得靠俄罗斯的飞船。近来因乌克兰危机，美国在经济上制裁俄罗斯，俄副总理讥讽美国说，今后美国人要上空间站，那就跳蹦床上去吧！由此，我们可以体会王希季是何等远见卓识！

王希季1982年荣立航天工业部一等功，1985年和1990年两次获国家科技进步奖特等奖，1987年获国家科技进步奖二等奖。1991年被航空航天部批准为有突出贡献的老专家。1995年获何梁何利基金科学与技术进步奖，1996年，第二国土普查卫星获国家科技进步一等奖。1999年由中共中央总书记、国家主席、中央军委主席江泽民同志亲自授予“两弹一星”功勋奖章。

神州试管婴儿之母张丽珠

张丽珠，女，1921年1月15日生，云南省大理市人，生于上海。中国首例试管婴儿创造者，被誉为“神州试管婴儿之母”，“送子观音”。北京大学第三医院生殖中心主任医师、教授、博士生导师，新中国妇产科学的重要开拓者，现代生殖医学的先驱和主要奠基人之一，北京大学第三医院生殖医学中心终身名誉主任。1941年毕业于上海圣约翰大学，1944年获美国宾夕法尼亚大学医学博士学位。1946年至1951年，分别在美国哥伦比亚大学医学中心、霍布金斯医学院、美国纽约医院、英国伦敦玛丽居里医院等先后从事妇产科内分泌、病理学和肿瘤学临床和研究。1951年回国后，任上海圣约翰大学医学院妇产科副教授。1952年调入北京医学院第一附属医院妇产科。1958年北京医学院第三附属医院创建，任妇产科主任至1984年。1989年为国家重点学科学术带头人。

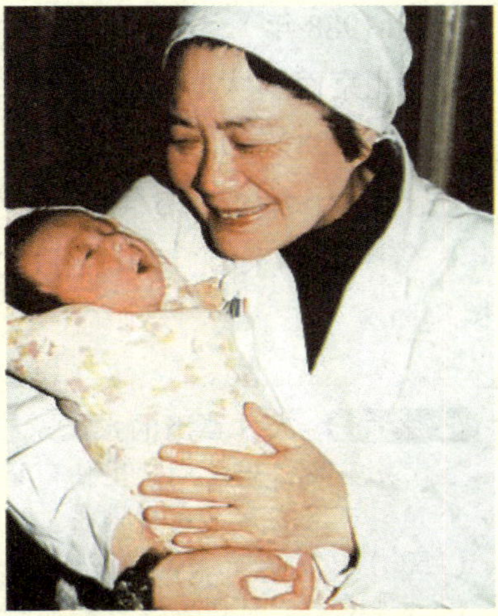

张丽珠与首例试管婴儿

张丽珠教授是我国妇科的权威专家，1955年起担任新中国成立后的第一批研究生导师，她的研究生毕业后大多成为各大医院妇产科的骨干。在中外一级杂志发表论文100多篇。主编有《中国大百科全书·医学卷》（妇产科分册）《妇产科经验教训101例》《临床生殖内分泌与不育症》，参编过其他大型参考书多部。她最突出的贡献是攻破了试管婴儿的技术难关，创造了中国首例试管婴儿。1978年7月，世界上首例试管婴儿在英国诞生。张丽珠认识到这项技术不仅可以为不育症患者解除痛苦，而且是优生优育、生殖医学有关的基础医学理论和实践的重要方向。在20世纪80年代初期，从事试管婴儿研究是否会冲击计划生育争议还很大，张丽珠顶着压力，在条件十分简陋的情况下，于1984年首先在北医三院开展了这方面的研究。1987年3月，以张丽珠为项目技术负责人的《胚胎的保护、保存和发育》课题，被列入国家“七五”攻关项目。经过一年的刻苦攻关，1988年3月10日，中国首例试管婴儿在北医三院剖腹产诞生。紧接着1988年3月18日和1988年5月27日，中国内地首例“配子输卵管内移植婴儿”、中国内地第二例试管婴儿，分别在北医三院相继诞生。这3个小生灵来到人世，标志着中国现代医学技术完成了一次重大突破，中国的生殖医学史从此翻开了崭新的一页。

由于张丽珠为我国妇产科学、生殖医学发展做出了巨大贡献，先后获得全国三八红旗手（1979年）、全国卫生先进工作者（1983年）、北京市五一劳动奖章（1988年）、北京市科技进步一等奖（1988年）、全国科技进步二等奖（1989年）（第一完成者）、北京医科大学“桃李奖”（1989年）、全国优秀归国侨眷知识分子（1989年）、北京市归侨先进工作者（1990年）、北京市五一先进工作者（1995年）、卫生部科技进步奖（1990年和1996年）等奖励和荣誉。2011年12月1日又荣获第十五届“宋庆龄樟树奖”。

知识链接 **人才辈出的张氏家族** 大理喜洲的张氏家族代不乏人，唐代，其始祖张健成就出任南诏国的宰相。明代，张云鹏考中弘治十五年（1502）壬戌科进士，官刑部主事。张拱文考中嘉靖十四年（1535）乙未科进士，官湖广少参兵备佥事。清代，张氏创造了“一门三进士，同科四举人”的奇迹。张其仁，道光丙戌科进士。三进士指张其仁长子张土铨、四子张士彬、九子张士镳三兄弟先后考中同治、光绪年间进士。加上进士父亲，实际上是父子四进士。四举人指光绪己卯科，张其仁子士铎、士镳、士鉴与侄孙继曾四人同榜高中举人，捷报传出，震动四方，名扬天下，一时传为美谈。

张氏“士”字辈族兄弟张士锃，光绪三年（1877）考中庚辰科进士，故张氏在清代就出了五位进士。张士镳的子孙就更不得了，长子就是民国司法总长张耀曾。张耀曾的三女张惠珠美国印第安纳州PXrdne大学硕士毕业，1951年回国后，在上海交通大学、上海第二医学院任教授，获上海市三八红旗手、全国三八红旗手；四女即神州试管婴儿之母张丽珠教授。张家还有一位值得称道的人士，名叫张锡禄，1947年出生，初中毕业即因“文化大革命”辍学，靠自学与刻苦钻研，出版了多部研究民族历史、文化、宗教方面的专著和数十篇论文，被破格评聘为大理学院研究员，享受国务院特殊津贴，是一位在国内外学界有一定影响的学者。

著名教育家、学界泰斗马曜

马曜（1911—2006），字幼初，上海光华大学毕业，云南省洱源县人。1931年在上海光华大学加入中国共产党，多年从事党的地下工作。新中国成立后，在云南省委民族工作五人小组、省委边疆工作委员会、省民族事务委员会等部门任领导职务；后担任云南大学历史系教授、《思想战线》主编和云南民族学院院长、名誉院长等。著名历史学家谢本书教授评价：马曜是集战士、诗人、学者、教育家于一身，“道德文章并重”的世纪学人。是白族文化名人的一面旗帜，也是云南以至中国社会科学界的一座丰碑。他既是民族学家，也是历史学家，还是教育家，学术研究领域比较广泛，而且卓有成就。他在学术界享有极高声誉和受到普遍敬重，被我国学界泰斗、北京大学季羡林教授盛赞为“云南学界领袖群伦”。

土改时期，他首先提出边疆的土改不能照搬内地的政策，建议对云南边境一带社会发展尚处于原始社会末期的少数民族地区不划阶级，不搞土改，而实行“直接过渡”到社会主义的政策。并对处理边疆民族关系与阶级关系，维护边疆稳定与繁荣发展，对社会发展层次不同的民族应分类指导等，都提出了一系列针对性很强的政策建议，马曜的建议被省委采纳，成了云南土改政策与云南民族工作方针政策的重要内容，经长期实践证明，马曜的建议是非常正确的，至今仍在民族工作中发挥积极作用。

马曜对民族学、历史学研究做出了巨大的贡献。据统计，马曜在民族学、历史学等方面独撰、主编、合著、参编的学术著作有40多部，发表论文、文章达203篇，获国家和省部级优秀成果大奖7项。马曜主编的《云南各族古代史略》和《云南简史》，是云南早期的两部通史性著作。马曜首创了“三重证评价”法，成为运用民族学、民族史资料，结合考古资料、文献资料，研究中国古代史分期问题的开拓者之一。他与著名学者缪鸾和合作发表的《从西双版纳看西周》的长篇论文与后来出版的《西双版纳份地制与西周井田制比较研究》一书，是我国第一篇和第一部系统地利用民族调查资料与先秦古史资料、考古资料相结合，探索西周井田制疑案的学术著作。受到中外学者的极高评价。我国史学界权威人士评价：“它不仅为揭开井田制之谜和解决我国古代史分期问题提供了一把钥匙，而且在丰富和拓宽我国古史研究的视野、深化古史研究的理论方法等方面，也做出了积极的贡献。”

◀ 马曜

马曜作为全国“民族问题五种丛书”云南省编辑委员会常务

副主任，主持编写了16本民族简史，7本各民族调查资料，6种民族语言志，均已先后出版。这些论著、资料，约占全国“民族问题五种丛书”的三分之一。为后来的民族研究工作做出了奠基性贡献。马曜主编的《云南民族工作四十年》，是一部对新中国建立以来云南民族工作进行全面系统总结的巨著，不仅科学地总结了历史经验，而且对现今的民族工作具有重要的指导意义。

▲

《马曜文集》

作为教育家，马曜先后断断续续从教28年。尤其是在担任云南民族学院院长期间，马曜以教育家的战略眼光和气魄，殚精竭虑，在短短几年内，就将云南民族学院从一所以民族干部轮训为主的学校，改造为综合性普通大学，使云南民族学院取得了长足的发展。他提出并反复强调，要按各民族教育发展程度不同的实际，分类指导，采取不同政策；在大中城市为后进民族的学生办“民族班”、预科班，培养后进民族的人才。他的意见被省委、省政府采纳，在云南实施多年，为后进民族培养了大量人才。1988年湖南教育出版社出版的《中国现代教育家传》第七卷收入了马曜的传记。该丛书立传的云南籍现代教育家仅二人，马曜是其中之一。1992年，国务院表彰马曜为“为发展我国高等教育做出突出贡献”的专家。

作为诗人，马曜十六七岁时便有佳作问世，出有《茈湖精舍诗初集》。北京大学季羡林教授评价马曜的诗说：“读先生的诗，有鹤立鸡群之感！”

2008年，《马曜文集》6卷本，由云南人民出版社出版。

国学大师张文勋

张文勋，1926年7月生，云南省洱源县人，国学大师。1953年云南大学毕业，1954—1956年就读于北京大学文艺理论进修班。历任云南大学中文系主任、教授，云南大学西南边疆经济文化研究中心主任，校文科学术委员会主任，校学位委员会副主席。云南大学人文学院荣誉教授、中国《文心雕龙》学会副会长、云南诗词学会会长、中华诗词学会常务理事、中国作家协会会员、云南省文史研究馆馆员。从事教学、科研50余年，培养了大批云南民族文化建设骨干人才，桃李满天下。当今活跃于文学界和文化界的许多教授、作家、诗人，提起先生的教诲，感激之情每每溢于言表。张文勋著作等身，尤其是在少数民族文化与古代文艺理论研究方面有重大建树。他的学术研究，主要有四个大的方面：一是以《文心雕龙》为重点的古代文论的研究，二是儒、道、佛美学思想研究，三是西南民族文化和文学研究，四是古典诗词研究。

他的著作《刘勰的文学史论》《儒道佛美学思想探索》《华夏文化与审美意识》分别获“云南省优秀社科成果奖”一、二等奖。他主编的《白族文学史》是中国少数民族文学史的开山之作，成为我国后来编写其他少数民族文学史（或文学简史）的范本，获得中国少数民族文学研究成果优秀著作奖。他的研究成果在国内外有重大影响，如他主持的“云南省‘八五’科研规划”省级重点学科“民族文化学”建设，确立了少数民族文学史编写的基本原则，为云南省旅游经济、民族文化发展提供坚实的理论基础。他的事迹被收入《中国当代名人大典》《当代中国少数民族名人录》《中国文学家辞典》、英国剑桥世界传记中心《世界名人辞典》和美国ABI传记协会的《世界名人录》等。1989年，获“全国教育系统劳动模范”称号。1991年起享受国务院特殊津贴。2009年获新中国建立60周年“中国作家文学终身成就奖”；同年，获云南省委、省政府授予的第二届“兴滇人才奖”，获奖后，张文勋将奖金全额捐赠给云南大学，设立云南大学张文勋奖学金，奖励在人文社会科学领域取得优秀成果的在校研究生。2000年，《张文勋文集》6卷本由云南大学出版社出版。

◀ 张文勋

▲ 张文勋教授的著作

著名诗人、文学评论家晓雪

晓雪，真名杨文翰，1935年1月生，当代著名诗人、文学评论家、散文家，1956年毕业于武汉大学中文系，云南省大理市人。曾任云南省文联党组副书记、副主席，云南省作协主席，中国诗歌学会副会长、中国当代文学研究会副会长、中国少数民族文学研究会会长。以笔名“晓雪”驰名中国文坛，许多人对晓雪的名字如雷贯耳，对他的真名却不一定知道。

晓雪

晓雪从1952年17岁时就开始发表作品，最早以研究艾青的诗歌著称。半个多世纪以来，他创作出版了诗集《祖国的春天》《采花节》《晓雪诗选》《晓雪爱情诗选》《爱》《绿叶之歌》；散文集《雪与雕梅》《无味之味》《苍山洱海》《晓雪序跋选》；诗歌评论集《生活的牧歌——论艾青的诗》《浅谈集》《新诗的春天》《诗的美学》《面向新时代》《诗美断想》《诗美的采撷》等20余部著作。2008年，云南教育出版社出版了300多万字的《晓雪选集》6卷。

对于晓雪的诗文，国内文学大家给予了高度评价，冯牧说，晓雪“以写作勤奋与涉猎广泛而著称于我国文坛”。臧克家1995年在给晓雪作品研讨会的题词中说：“他的诗和散文，风格独具，富有民族特色，为世所称。他的评论文章，立场鲜明，见解新颖，给我留下深刻的印象。”艾青在为晓雪诗集《爱》写的序中说：“他所写的诗纯朴而清丽，有如大理石的片片淡雅，像泼墨的山水画，像浓缩了的短诗，使人看了之后留下难忘的印象。”谢冕认为：“晓雪是以着重展现多种民族多种文化交相辉映的创造而获得全国声誉的诗人。他是一位能从大的方面认同于当日诗风、又能以自身的创造而显示个人特点的诗人。他拥有云南的全部丰富和神奇。”王蒙说：“白族诗人晓雪同志，扎根于自己美丽的家乡，以美好明丽、乐观而细腻的笔触，十分投入地抒写了对于生活，对于西南边疆，对于苍山洱海，对于奋发向前的时代的一腔热情。他的作品于温柔诚挚中见风骨，于明白晓畅中见深情。他的诗作是我们祖国多民族文学百花园中的一个重要收获。”张光年指出：“晓雪同志是我们新中国出色的诗人，是白族杰出的诗人，在诗歌创作上结出累累硕果。大西南的苍山洱海，新中国的日月光华，哺育了这位多才的诗人。而晓雪又用他多彩多情的诗句，美化了他的故乡，他的祖国，报答了白族人民和各族人民的期望。”

晓雪的长诗《大黑天神》获第一届全国少数民族文学创作奖，诗集《晓雪诗选》获全国第二届优秀新诗奖、意大利第二十二届蒙德罗国际文学奖特别奖，诗论集《新诗的春天》《诗的美学》《诗美的采撷》等先后在全国获奖。2003年，获第五届全国当代少数民族文学研究突出贡献奖，2010年获中国当代杰出民族诗人诗歌奖。2012年，获第十五届王中文化奖。

2014年，在第15届国际诗人笔会上，晓雪获“中国当代诗魂金奖”。晓雪认为，诗应该表达真善美，反对写作假丑恶。在获奖感言中，晓雪说：“一个诗人之所以能写诗，就是他充满爱，爱使诗人成为一个人，也成为一个诗人。……诗应该是真善美的结晶，而不应该是假恶丑的展现，不要欣赏肮脏的东西，假恶丑的东西。……诗是美丽的、崇高的、神圣的东西，应该使人变得美丽、崇高。”

中华舞神、孔雀公主杨丽萍

杨丽萍，女，1958年11月生，云南省洱源县人，中国舞蹈艺术家、国家一级演员、中国舞蹈家协会副主席、中国民族民间舞蹈等级考试专家委员会委员，享受国务院特殊津贴。杨丽萍是天生的舞蹈精灵，自幼酷爱舞蹈。1971年进入云南省西双版纳州歌舞团，1980年调入中央民族歌舞团。以创作并演出各类“孔雀舞”而闻名全球。1986年，杨丽萍因创作并表演独舞《雀之灵》而一举成名。她是国内第一位举办个人舞蹈晚会的舞蹈家，1992年成为中国大陆第一位赴台湾表演的舞蹈家。

杨丽萍

杨丽萍对于舞蹈非常痴迷，注定了她一生都将献身舞蹈事业。她的舞蹈天赋无与伦比，她的观察力独特神奇，世间万事万物都可以成为她取之不尽用之不竭的舞蹈源泉。无论是花草树木、飞禽走兽，或是农家的锅碗瓢盆、锄头犁耙，都会神奇地变成她的舞蹈音乐素材。她身体的每一个细胞都具有非凡的舞蹈创作与表演才能，她是突破学院陈陈相因舞蹈固定格式，创新能力极强的奇才。她是原生态歌舞的首创者，她编导并主演的《云南映象》之所以能够风靡全球，就是她将人们司空见惯而熟视无睹的农村生产生活，经过艺术处理搬到了舞台上，从而震撼了人们的心灵！所有看杨丽萍舞蹈的人，都会进入她构架的如诗如画的意境，都会情不自禁为她所表现出来的美所动容。有人称赞杨丽萍说："她在舞台上，有一种深不可测的魔力，一举一动，哪怕是一个休止符，都有如微风从一泓止水上空掠过，寂静的身体里，便有了细浪追逐的声音。她让人动情于自己的感动，自己的发现，她的世界无须用人的语言便能读懂。"她的舞蹈总给人以超然、空灵、淡泊、抒情而又自我意识强烈的印象，她是一位真正的"舞蹈诗人"！

多年来，杨丽萍出访世界很多国家和地区，相继在俄罗斯、

杨丽萍春晚《孔雀舞》

美国、德国、法国、英国、比利时、荷兰、意大利、加拿大、巴西、阿根廷、智利、澳大利亚、新西兰、日本、菲律宾、新加坡和中国台湾等30多个国家和地区举行专场舞蹈晚会，演出上千场。所到之处，粉丝摩肩接踵，引来无数的鲜花和掌声！

杨丽萍《雀之灵舞》

1994年凭借独舞《雀之灵》，杨丽萍荣获中华民族20世纪舞蹈经典作品金奖。此后更是获奖无数，好评如潮！《云南映象》《云南的响声》《孔雀》的演出，更是达到了梦幻般的高度！

杨丽萍是美的化身，是白族人民的优秀女儿，也是全国人民的优秀女儿！亲爱的读者，如果您想了解白族，那就请你来看“舞神”杨丽萍的舞蹈；如果你想对白族了解得更多，那就请您进一步走进白族人民当中，白族人民将张开双臂，热诚地迎接您的到来！

参考文献

1. 云南各族古代史略编写组. 云南各族古代史略. 昆明：云南人民出版社，1977

2. 尤中. 中国西南民族史. 昆明：云南人民出版社，1985

3. 中国人民政治协商会议怒江傈僳族自治州委员会文史资料研究委员会. 怒江文史资料选辑.

4. 中共大理州委党史资料征集办公室. 红军长征过大理州. 内部资料，1986

5. 中共云南省委党史资料征集委员会. 中共云南党史研究资料 第一辑 张伯简文辑. 昆明：云南民族出版社，1987

6. 中共云南省委党史资料征集委员会. 中共云南党史研究资料（第三辑）. 昆明：云南民族出版社，1987

7. 白族简史编写组. 白族简史. 昆明：云南人民出版社，1988

8. 方国瑜. 云南史料丛刊（第一卷~第十三卷）. 昆明：云南大学出版社，1988~2001

9. 方国瑜. 云南郡县两千年. 昆明：云南广播电视大学，1990

10. 马曜. 云南简史（增订本）. 昆明：云南人民出版社，1991

11. 云南近代史编写组. 云南近代史. 昆明：云南人民出版社，1993

12. 杨世钰. 大理丛书金石篇. 北京：中国社会科学出版社，1993

13. 杨德慧. 杨杰将军传. 昆明：云南人民出版社，1993

14. 李缵绪. 白族文化大观. 昆明：云南民族出版社，1999

15. 杨学政. 云南宗教史. 昆明：云南人民出版社，1999

16. 王海涛. 昆明市博物馆论文集. 昆明：云南美术出版社，1999

17. 桑植县地方志编纂委员会. 桑植县志. 深圳：海天出版社，2000

18. 张增祺. 滇文化. 北京：文物出版社，2001

19. 范建华，等. 爨文化史. 昆明：云南大学出版社，2007

20. 蒋志龙. 滇国探密. 昆明：云南教育出版社，2002

21. 林超民. 南中大姓与爨氏家族研究. 北京：民族出版社，2002

22. 张锡禄，张天伦，张锡恩，等. 大理喜洲翔龙村张氏族谱. 内部印刷，2002

23. 王明达. 剑湖风流——文化奇才赵藩传. 昆明：云南民族出版社，2003

24. 段玉明. 大理国史. 昆明：云南民族出版社，2003

25. 水目山志编纂委员会. 水目山志. 昆明：云南科技出版社，2003

26. 杨惠铭. 沙溪寺登街：茶马古道上惟一幸存的古集市. 昆明：云南民族出版社, 2002

27. 李文笔，黄金鼎. 千年白族村——诺邓. 昆明：云南民族出版社, 2004

28. 喜洲镇志编纂委员会. 喜洲镇志. 昆明：云南大学出版社, 2005

29. 董承汉. 喜洲珍闻. 内部印刷, 2005

30. 李公. 南诏史稿. 北京：民族出版社, 2006

31. 大理白族自治州文化局. 大理州文物保护单位大全. 昆明：云南民族出版社, 2006

32. 赵建军选注. 历代白族作家丛书（王崧卷）. 北京：民族出版社, 2006

33. 段炳昌选注. 历代白族作家丛书（周钟岳卷）. 北京：民族出版社, 2006

34. 李作新. 东陆瑰宝：董泽纪念文集. 昆明：云南大学出版社, 2006

35. 杨新旗, 段伶, 花四波译注. 白族勒墨人原始宗教实录. 昆明：云南民族出版社, 2006

36. 中共云南省委党史研究室, 中共云南省委统战部. 党的统一战线理论与政策在云南的实践和研究. 昆明：云南民族出版社, 2007

37. 云南省博物馆. 滇国寻踪 青铜铸成的史诗. 昆明：云南民族出版社, 2008

38. 林超民. 林超民文集. 第一卷, 第二卷, 第三卷. 昆明：云南人民出版社, 2010

39. 大理白族自治州民族事务委员会. 大理白族自治州民族宗教志. 昆明：云南民族出版社, 2009

40. 杨明. 白族著名历史人物及其哲学思想. 昆明：云南民族出版社, 2008

41. 寸丽香. 白族人物简志. 北京：中国民族摄影艺术出版社, 2009

42. 赵汝龙. 大理喜洲白族赵氏族谱. 内部印刷, 2009

43. 中共大理州委党史研究室. 中国共产党大理地方史第一卷. 昆明：云南民族出版社, 2007

44. 严玲玲. 严家往事. 香港：中国国际文化出版社, 2009

45. 杨周伟. 朝圣魂归 南诏大理国. 昆明：云南人民出版社, 2011

46. 赵勤. 蝴蝶泉志稿. 昆明：云南民族出版社, 2012

图片提供者

（按姓氏音序排列）

大理日报社
第68页
第69页
第70页（3幅）

董建中
第19页（下）
第25页（2幅）
第41页
第44页
第45页
第48页
第52页（下）
第55页（上）
第56页（上）
第61页（上）
第65页
第78页
第79页
第95页（下）
第96页（中）
第104页（下）
第105页
第112页
第118页
第119页（上）
第120页
第128页
第129页
第130页
第132页（2幅）
第145页
第151页
第152页
第163页（3幅）
第169页
第173页（下）
第174页
第175页（2幅）
第180页
第184页
第185页
第186页

谷利民
第57页
第82页
第83页
第84页

何尹全
第32页（2幅）
第33页

和生弟
第154页
第155页

欧燕生
第12页
第17页（2幅）
第20页（上）
第35页
第36页（下）
第37页
第87页
第89页
第90页
第91页
第94页（4幅）
第95页（上、中）
第96页（下）
第97页（2幅）
第100页上
第101页（2幅）
第103页下
第106页下
第108页上
第110页（2幅）
第111页（2幅）
第119页（下）
第133页（中）
第134页
第137页（下）
第162页（上）
第165页
第166页（2幅）
第170页（上）
第171页
第172页（2幅）
第173页（上）
第177页

网络下载
第21页
第24页（上）
第25页（3幅）
第26页（3幅）
第27页（下2幅）
第28页
第29页（3幅）
第30页（2幅）
第31页
第35页（上）
第39页（2幅）
第41页（2幅）
第42页
第52页（上）
第54页
第55页（下）
第56页（下）
第58页（2幅）
第59页
第61页（下）
第62页
第63页
第64页
第149页
第185页（下）
第187页（2幅）
第188页
第189页
第190页
第191页（2幅）
第192页（2幅）
第194页
第195页
第197页
第199页
第201页
第202页
第203页（2幅）
第204页
第206页（2幅）

喜洲镇一中
第147页（3幅）

杨华
第80页（上）

杨昆玉
第137页（上）
第138页（下）
第139页（下）
第141页

杨士斌
第124页（2幅）
第125页
第133页（下）

杨新旗
第49页
第66页
第75页
第98页（2幅）
第103页（上）
第109页（下）
第115页

杨珠
第18页
第21页

赵嘉鸿
第24页
第96页（上）
第104页（上）
第146页
第160页
第161页
第162页（下）
第167页
第170页

赵锐明
第10页（上）
第13页
第14页
第15页（2幅）
第16页
第19页（上）
第20页（下）
第72页
第74页
第92页
第99页（2幅）
第102页
第103页（中）
第106页（上）
第107页（2幅）
第108页（下）
第109页（上）
第113页
第116页
第121页
第122页
第123页
第131页
第133页（上）
第135页（2幅）
第136页
第138页（上）
第139页
第140页（3幅）
第158页（2幅）
第159页
第164页
第168页
第170页（下）
第176页
第178页
第179页
第181页

赵淑西
第51页

赵卫峰
第80页（下）
第81页

后记

中国自古以来就是一个多民族的国家，中华各族儿女世世代代在这块神奇美丽的土地上繁衍生息，各民族都以不同方式为创造伟大的中华文明，建设繁荣富强的国家，做出了自己的贡献。宣传中华文明，继承与发展中华各民族优秀的文化，维护国家统一和民族团结，是每一位中华儿女义不容辞的责任和义务。国家民族事务委员会文化宣传司与辽宁民族出版社共同策划出版《走近中国少数民族丛书》，旨在为各级干部与广大读者提供了解各民族历史文化发展的读物。这对宣传55个少数民族，增进国内外读者了解中国少数民族，了解各民族之间相互离不开的血肉联系，了解中国共产党的民族政策，共同建设科学发展的和谐社会，都具有重要的现实意义。

2013年3月的一天，我突然接到辽宁民族出版社编辑张学林同志打来的电话，在说明编写丛书始末后，邀请我承担丛书之一《白族》一书的写作，并将已经出版了的《蒙古族》《满族》两书的电子文本，发送给我参考。我觉得这是一件很有意义的事情，作为白族人民的儿子，又是在云南省社会科学院从事民族研究长达30年的专业人员，自然是责无旁贷，便很乐意地接受了写作任务。年底，辽宁民族出版社副总编辑吴昕阳编审又亲自到昆明，与承担丛书写作任务的几位云南作者见面，强调丛书写作不求全面，要以各民族的特点与历史贡献作为写作重点。而白族的特点与历史贡献最显著的就是辉煌的历史文化与各个时期都出了大量杰出的人物，因此本书在这两个方面写得较为详细。

中国西南自古以来就是一个多民族的地区，各民族交错居住，经济文化联系紧密，又各有自己的特点。由于历代史籍记载西南古代民族的名称很多，各个朝代的名称又不断变化，历史上的地名也是经常发生变化，加上民族常常迁徙、融合，各个时期的民族分布与历史文化就会随之变化，所以现在写作历史就不能用当代民族分布来写，而应该按变迁情况来写，才能反映历史的本来面目。

白族是一个在祖国西南地区很有作为的民族，西南的许多重大历史事件与重要历史文化多与白族相关。历史上白族人口众多，分布很广。由于历史的变迁，现在的白族分布地区大为缩小，大的聚居区只有大理。因此，提到白族一般读者只熟悉或者只知道大理，有的将古代的大理国和当代的大理白族自治州相混淆，甚至将白族与大理画等号，不知道南诏国和大理国的领土比现在的两个云南省还要大。再加上学术界对云南的历史存在一些争议，如果不用充足可靠的历史资料来说明问题，一些对西南历史，特别是云南历史不熟悉的读者往往会产生疑问，说写白族的情况，怎么写到大理之外去了？怎么把现在没有白族的地区与现在其他民族分布地方的古代历史说成是白族的古代历史？由于这个原因，笔者在写作初稿时，引用了大量的史料，充分论证本书所写内容都是白族历史，用来解决读者可能发生的疑问。但是这又产生了另一个问题，那就是图书的学术性太强，古文引用较多，大大降低了图书的通俗性，造成一般读者阅读困难。

根据原来规划这套丛书为通俗读物，以及责任编辑张学林同志对初稿的意见，我对历史部分进行了大幅度精简，只保留了基本线索，行文尽量用叙述的方式，引用古文时，只引简短易懂，又很说明问题的少量字句、段落，必要时在后面用现代汉语或者括号加以解释。而所引用的少量古文是必要的，如果只顾讲通俗，将所引古文资料全部删除，就找不到讲历史的根据了，也就无法解释大理国比当今大理大得多，古代白族人多面广、现代白族人少面窄的疑惑了。这样做当然会降低了图书的一些学术价值，却符合了简明易懂的出版初衷。

还有一个问题涉及历史疑问，那就是南诏王室的族属问题，在此做简单说明。由于学术界对南诏王到底是彝族还是白族有很大的争议，此事关系到南诏历史到底是白族史还是彝族史。许多学者从各自角度寻找各种证据，以证明南诏王室是彝族，或者证明是白族，好像谁都有道理，但谁都无法说服或者驳倒对方，这是因为研究者走入了用“当代民族”的概念硬套古人的误区。由于唐代以前没有彝族、白族之说，也没有像现在经国家用行政手段认定为两个民族这样的明确区分，所以将南诏王室说成彝族，或者说成白族是个伪命题。因为在唐代以前，彝族和白族还没有完全形成。当时被汉文史籍称为“乌蛮”和“白蛮”的部落，是在族源上具有一定同源性，又有一定的差异性的近亲民族集团。他们之间有着非常密切的联系，内部的向心力十分强大。被史籍称为“乌蛮别种”的南诏王依靠“白蛮”建立南诏国；被称为“白蛮”的段思平依靠“乌蛮三十七部”建立大理国。经过南诏的长期发展，主要城镇坝区的人口形成白族，而大多数分布在山区、半山区与较为边远地区的人口，在新中国成立后经民族识别，被国家认定为彝族。

因此，我的看法是，南诏是今彝族和白族的共同祖先，南诏国是彝族和白族先民共同建立的国家。彝族与白族是兄弟关系，并不是一些人想象的那样，自古以来就是泾渭分明的两个完全不同的民族。否则，我们就无法解释无论是南诏王，还是大理王，指挥起“乌蛮”或是“白蛮”来，均政令畅通，没有丝毫民族隔阂情况发生的历史现象，改朝换代也没有发生一个民族推翻另一个民族的任何痕迹。

本书的写作得到多位亲友和大学同学的大力支持与帮助，为了提高插图质量，除了使用笔者多年积累的一些图片外，多数图片都是笔者的亲朋好友提供的。一些历史图片与极少数因插图需要找不到的图片下载自网络。提供图片的同志有：云南民族出版社编审欧燕生，大理日报社主任记者赵锐明，大理电视台原记者赵嘉鸿，中共云南省委党史研究室学者杨新旗，云南省交通运输厅原副巡视员、云南交通报总编辑杨珠，云南省交通运输厅原副调研员杨昆玉，大理市政协文史资料委员会原主任、摄影家杨士斌，大理白族自治州白族文化研究院院长和生弟，中共巍山县委常委、宣传部长何尹全，湖南省桑植县白族学会会长谷利民，贵阳市白族学者赵卫峰，贵州省六盘水市白族学会副会长杨华。

因丛书体例不使用注释的原因，本书所引用资料，按体例不再列出，只在书后列了参考文献，本书在写作过程中还参考了大量文章，由于篇幅限制，难以一一列出，在此一并对文章与图片作者表示深深的谢意！

董建中

2014年5月8日初稿

2014年6月5日定稿于昆明